모두 늙어서
죽었으면
좋겠다

STRAY CAT PHOTO STORY

COPY
RIGHT

모두 늙어서 죽었으면 좋겠다
ⓒ김하연 2024

2024 · 9 · 23
초판 1쇄 발행

펴 낸 곳 : 지와수	글 · 사진 : 김하연
주소 : 서울 서초구 잠원동 35-29 대광빌딩 302호	손 글 씨 : 김초은
전화 : 02-584-8489 팩스 : 0505-115-8489	펴 낸 이 : 유혜규
전자우편 nasanaha@naver.com	
출판등록 : 2002-383호	디 자 인 : 최명규
지와수 블로그 : http://jiandsoobook.co.kr	교정·교열 : 박인숙
ISBN : 978-89-97947-44-7(03810)	

* 책 값은 뒤표지에 있습니다.
* 잘못된 책은 바꿔드립니다.
* 이 책의 전부 또는 일부 내용을 재사용하려면 반드시 사전에저작권자와 지와수 양측의 서면 동의를 받아야 합니다.

모두 늙어서 죽었으면 좋겠다

길고양이 픽사의 이야기 | STRAY CAT PHOTO STORY

글 / 사진 **김하연** | 손 글 씨 **김초은**

지왔수

| 모두 늙어서 죽었으면 좋겠다 | 저자 머리말 |

내가 진짜 원하고
바라는   것

꽤 오랫동안 이어진 인터뷰였다. 3시간 정도. 인터뷰가 길어지고 늘어진 것은 다 내 탓이다. 질문 하나를 받으면 강연하듯 답했다. 시간은 엿가락처럼 길어지고 늘어졌다. 아무것도 모르고 있으니 충분히 설명해 달라고 하는 기자의 표정을 보면서 의욕이 과했다. 진지함이 차고 넘치다 못해 누가 물어보기만 하면 길고양이에 대한 이야기를 끊임없이 쏟아낼 때였으니까.

긴 인터뷰를 마무리 지으려는 기자. 의례적으로 하는 마지막 질문을 내게 던졌다. '작가님이 진짜 원하고 바라는 건 뭘까요?'라고. 9회말 2아웃 2스트라이크에 공을 한 가운데로 던지고 판정을 기다리는 투수의 표정으로 날 보고 있다. 잠시 멍 때리다가 내 입에서 툭 튀어나온 말은 '길고양이가 모두 늙어서 죽기를 바랄 뿐이죠'였다.

'늙어서 죽기…' 말이 나오는데 목이 메었다. 다행히 삼켰지만 하마터면 인터뷰 다 망칠 뻔했다. 나이 든 남자의 눈물이라니. 우는 게 싫었다. 뭘 잘했다고. 십 수 년을 나름대로 노력하고 있지만 현실은 바뀌지 않은 것 같아서 마음 한쪽이 무거웠으니까. 그나저나 내 답을 들은 기자의 표정은 난감해 보였다. 얼마 후 올라온 기사에 마지막 질문과 대답은 실리지 않았다.

PROLOGUE 01

그때의 난 그랬다. 길고양이 평균 수명 2~3년. 좀처럼 바뀌지 않는 현실을 두고 이렇게 하면 될까. 아니면 이렇게 해야 하나. 되는 깜냥에 안 되는 억지까지 써가면서 나름대로 최선을 다하고 있지만, 내 앞에서 죽어가는 생명들이 받은 고통이 좀처럼 줄어들지 않은 상황이 답답하고 안타까웠으니까.
모두 늙어서 죽었으면 좋겠다.

툭 튀어 나와 버린 문구가 인터뷰 후에도 머릿속에서 계속 맴돌았다. 늙음과 죽음이 모두 들어가 있어서 언뜻 들으면 불쾌하게 들을 수도 있지만 사람들에게 생각할 기회를 줄 수 있을 것 같았다.

그래서 후원자를 모아서 광고를 올리는 〈티끌모아광고〉 프로젝트의 카피 문구로 사용하기도 했고, 매년 만드는 달력의 주제로 사용하기도 했다. 이번에는
〈모두 늙어서 죽었으면 좋겠다〉가 해시태그로 들어갔던 글을 책으로 만들었다.

글이 품고 있는 감정의 온도는 다르다. 일부러 맞추려고 하지 않았다. 몇 년 전과 지금의 길고양이에 대한 상황이 다르고, 변하지 않는 것이 있기도 하지만, 20년 동안 길고양이 집사 겸 찍사로 살아가고 있는 내 마음의 기복을 그대로 보여주고 싶었다.

세상에 꼭 필요한 책은 아니라도 한 권쯤은 있어도 괜찮은 책이길 바랄 뿐이다.

그리고 길고양이 뿐만 아니라 나와 여러분들도 꼭 늙어서 죽었으면 좋겠다.

2024년 9월 .... 김하연

모두 늙어서 죽었으면 좋겠다	손글씨 작가 머리말

모두   늙어서 죽었으면 좋겠다

이 말은, 한편으로는 슬프고도 아린 마음에서 나온 것입니다. 길 위에서 홀로 살아가는 고양이들이 하루하루 겪어야 하는 고통과 외로움을 생각할 때, 그저 조용히 나이를 먹고 평화로운 죽음을 맞이할 수 있기를 바라는 작은 소망이 깃들어 있습니다.

도시의 숨겨진 골목과 가로등 아래, 낡은 건물의 그림자 속에서 살아가는 길고양이들은 우리가 쉽게 지나치는 존재들입니다. 그들은 소리 없이 세상을 누비며 때로는 누군가의 따뜻한 손길을 바라지만, 대부분은 차가운 무관심 속에서 하루를 견뎌냅니다.
그들이 살아가는 현실은 우리가 상상하는 것보다 훨씬 더 고단하며, 그 고단함 속에는 차마 드러내지 못한 슬픔과 깊게 배어든 외로움이 얽혀 있습니다.

김하연 작가의 사진 속 길고양이들은 그러한 이야기를 담담하게 전합니다. 그들의 눈동자 속에 배어있는 말 못 할 슬픔과 세상에 대한 깊은 체념은, 그 눈빛을 마주할 때마다 그들이 견뎌온 시간의 무게를 고스란히 느끼게 해줍니다. 그러나 그 체념 속에서도 때때로 작은 희망의 빛이 엿보입니다.

PROLOGUE 02

이 책에 쓰인 손글씨는 그 빛을 담아내고자 했습니다. 펜을 들고 조심스럽게 한 획, 한 획을 써나가며 그들의 이야기와 감정을 글자 속에 녹여내려 했습니다. 길고양이들이 하루하루를 견디며 만들어낸 작은 발자국처럼, 제 글씨 또한 그 삶의 흔적을 따라갔습니다.

이 책을 통해 길고양이들의 고단한 현실이 희망의 발자국이 되어 여러분의 가슴에 작은 흔적으로 남기를 바랍니다. 그리고 그 흔적이 그들을 바라보는 은근하고 다정한 시선으로 이어지기를 간절히 소망합니다.

2024년 9월 ㆍㆍㆍㆍㆍㆍ 김초은

모두 늙어서
죽었으면
좋겠다

목차

INDEX

PART 01

고양이는 고양이처럼 살아간다 　　　　　　　　011

PART 02

엄마는 그렇다 　　　　　　　　059

PART 03

우리와 만남도 거리도 고양이가 결정해야 한다 　　　　　　　　103

PART 04

길고양이와의 행복한 공존을 꿈꾼다 　　　　　　　　157

- STRAY CAT
PHOTO STORY

다 녹아서
죽었으면
좋겠다

밤하늘
야경
아이스크

Part 01

고양이는
고양이처럼
살아간다

모두 놓아서
죽었으면 좋겠다

아이가
자식이
걸고양이

눈 떠 보니
고양이였고
태어난 곳이
길이었다

• 눈 떠 보니   고양이였고
태어난 곳이   길이었다

겨울에 가까웠던 봄이 끝나고 한낮의 따뜻함이 뜨거움으로 변하는 요즘, 골목에서 엄마의 육아가 끝나간다. 이제 엄마는 허기진 배를 채우기 위해 외출을 시작하고 새끼들은 기다린다.

오늘은 골목 옆으로 바짝 주차한 차에게 새끼들을 맡겨 놓고 나갔다. 하루가 다르게 엄마의 외출은 길어지고 귀가 시간이 늦어지고 있다. 새끼들은 차 그늘 밑에서 잠을 자다가 차 옆으로 삐져나온다.
어떤 아이는 엄마를 찾는 듯이 울다가 다른 형제가 걸어오는 장난을 받아주며 놀기 바쁘기도 하지만 엄마가 걸어갔던 곳만 바라보고 있는 아이도 있다.

졸고 있는지 아니면 엄마의 체취를 맡기 위해서 애쓰고 있는지 모르겠지만, 골목을 오가는 사람들의 발소리와 가다 서다를

반복하고 물건을 내리는 택배 차량 소리에도 아랑곳하지 않고
집중하고 있다. 보드라운 뒤통수를 만지고 싶지만 사람 체취를
묻히는 것은 위험한 일이다.
사람의 체취가 묻으면 엄마가 자기 새끼를 못 알아 보는 수가 있다.
그러니 지켜볼 뿐이다.

아이는 앉아서 무슨 생각을 하고 있을까? 외출 시간이 길어지는
엄마를 보고 싶을까? 아니면 배가 고파서 울고 싶은 마음일까?
어찌 보면 그런 감정은 우리의 생각이 투영된 것일 수도 있다.
모든 시간을 삼키고 견디는 것. 그것이 길에서 태어난 고양이의 삶이다.
앞서 태어나 살아가는 모든 길고양이가 그랬던 것처럼.

이제 곧 엄마의 육아가 끝나고, 엄마는 외출하는 대신에 새끼들을
독립시키겠지. 독립하지 말고 독립시키지 말고 엄마와 아이가 함께
살면 좋겠다는 바람은 우리의 오래된 희망일 뿐이다.
아이의 삶은 앞선 길고양이들의 삶처럼 흘러간다.
우리는 잘 흘러갈 수 있게 지켜주려고 노력은 하겠지만
결국은 그들이 감당해야 할 삶이다.

엄마가 외출하면
새끼는
서둘러 눈감는다
감았다 떠야
엄마가
돌아온다고
믿으면서

엄마가 외출하면
새끼는 서둘러 눈 감는다
감았다 떠야
엄마가 돌아온다고 믿으면서

고양이는
고양이처럼
살아간다

엄마가 외출하면 새끼는 서둘러 눈 감는다
  감았다 떠야 엄마가 돌아온다고 믿으면서

　　　　엄마는 잠깐 외출을 했나. 아이 몸집을 보면 독립할 때는 아닌 것 같은데. 엄마의 외출이 그렇게 길지 않기를 바라며 뭐라도 챙겨주고 싶어 잠시 곁에서 지켜보았다.

좀처럼 눈을 뜨지는 않는 아이. 숨소리는 들리지 않지만 귀 뒤로
올라가는 작은 노란 털 봉우리가 오르락내리락 거린다.
이따금 입 주위의 수염도 움직인다. 잠이 깊게 든 것 같다.
보는 것만으로도 기분이 좋아진다.

저렇게 가만히 발을 모아 자고 있으니 자꾸 손이 가려는 것을 주먹
쥐고 참았다. 참아야 한다. 새끼 고양이에게 잠은 중요하다.

사실 아이가 혼자서 울고 있으면 그것만큼 안쓰러운 광경이 없다. 그래서 냥줍하는 상황이 종종 벌어지기도 한다. 데려가는 사람은 도와주고 싶은 마음에 우는 아이를 데려가서 돌봐주려는 것이지만 엄마가 있는 상황이라면 유괴를 한 것이나 다름없다.

우는 아이가 있다면 충분한 시간을 두고 지켜보고 엄마가 있는지 없는지를 확인했으면 좋겠다.

아이가 깊은 잠에서 깨어났을 때 엄마가 돌아왔으면 좋겠다. 그리고 크면 어쩔 수 없이 엄마와 떨어져 독립을 하겠지만 오랫동안 골목에서 만나면 좋겠고, 느긋하고 아프지 않고 살다가 꼭 늙어서 별이 되길 바란다. 아이야. 또 보자.

● —— **냥줍**이란 동물의 이름 뒤에 '줍다'의 어근인 '줍'을 합성한 합성어. '길에 있는 고양이를 줍다'라는 뜻이다. 일반적으로 주인이 없는 길에 있는 고양이를 집으로 데려올 때 쓴다. 어미 고양이가 잠시 외출 중에 혼자 있는 새끼 고양이를 주울 수도 있고, 사고로 인해 다친 고양이를 구조한 경우에도 '냥줍' 이라는 단어를 사용하기도 한다.

모두 눕여서 죽었으면 좋겠다 — 아이의 말 — 길고양이

삶이

널

쿡쿡 찔러도

넌

담담하구나

고양이처럼

고양이

살아간다

• 삶이 　 널 　 쿡쿡 찔러도
　 넌 　 　 　 담담하구나

　　　　　엄마가 갑자기 사라졌다. 사라진 이유는 모르지만 추측만
할 뿐. 새끼들은 태어난 텃밭 주위를 벗어나지 못한다. 오지 않는 엄마를
기다리고 있다. 기다림이 아이들을 주눅 들게 하지는 않는다.
아이들이니까.

자기들끼리 텃밭 여기 저기를 신나게 뛰어다닌다. 텃밭은 이미
난장판. 얼마 전에 심은 고추 수확은 글렀다. 텃밭 주인은 엉망이 된
밭보다는 아이들이 배곯지 않았을까 걱정이 되었다.
텃밭 주인은 스님. 스님은 고양이 때문에 매일매일 텃밭에서 할 일이
늘어난다고 웃으시며, 아침과 저녁에 새끼들에게 사료를 주고 계셨다.
밥 덕분일까? 고양이들은 텃밭을 나와서 절 앞으로 몰려들었다.
그렇다고 고추 모종이 살아나지는 않았다.

뛰어다닌 만큼 많이 먹고 잠도 오래 자는 아이들.
졸리면 화분을 침대 삼아 잠들기도 하고, 다른 형제랑 티격태격

장난을 치고, 오가는 사람들과 멀찌감치 눈빛 교환을 하며 지냈다.
사람을 두려워하지는 않았지만 손을 타지는 않는 고양이들.
스님에게도 일정한 거리를 두었다. 눈병이 걸린 아이가 있었지만
잡히지 않아서 동물 병원에서 약을 받아 사료에 넣어주셨다고 했다.
아이의 눈은 안약을 직접 넣어준 것보다 깨끗하게 낫지 않았지만
더 나빠지지 않았다.

조금 작아진 왼쪽 눈을 가진 아이가 걸어와 앞에 앉았다.
혼자서 겪은 이야기를 숨긴 눈빛으로 한참 동안 바라본다.

집은 없지만 집으로 삼으면 집이 된다. 오늘은 화분이 내 집이다.

모두 놓아서
죽은 이만
좋겠다

김이안
판화가
이야기

> 어려서 뭘 모르니 느긋하게 잘 탄다
> 두려움 모른다면 커서도 그럴 텐데

어려서 뭘 모르니 느긋하게 잘 탄다.
두려움 모른다면 커서도 그럴 텐데

• 어려서   뭘 모르니 느긋하게 잘 탄다
두려움 모른다면   커서도 그럴 텐데

고양이는 나무를 잘 올라간다. 높은 곳을 좋아하는 고양이에게 나무만큼 좋은 캣타워는 없다. 문제는 동네 인심. 고양이가 뭘 하든지 크게 상관하지 않는 동네에서는 심심치 않게 나무를 타고 있는 고양이를 볼 수 있다. 반대로 고양이가 숨만 쉬어도 싫어하는 동네라면 나무에 올라가는 고양이는 거의 없다.

노랑이는 다른 형제들보다 나무 타기를 잘 하고 좋아했다. 틈만 나면 올라갔다. '고양이 좀 봐. 나무 잘 타네'라며 웃으며 한 마디 거들고 지나가는 사람들이 더 많았지만 싫어하는 사람들도 있었다. 저렇게 오르내리면 나무에 상처가 난다는 어이없는 말을 들은 지 얼마 후에 나무 밑에 쥐덫이 놓였다.

고양이들 덕분에 쥐가 없는 골목에 놓인 쥐덫은 결국 고양이를 잡겠다는 것이다. 사람들의 민원으로 쥐덫은 치워졌지만, 고양이를 못마땅하게 보는 사람들의 마음까지 치워지지는 않았을 것이다.

그 뒤로 아파트 뒤편 풀밭에 있는 고양이가 보일 때마다 관리실 아저씨는 쫓아냈다. 그 뒤로 노랑이와 형제들은 나무에 올라가지 않았고 눈빛은 달라졌다. 천진난만한 눈빛을 밀어내고 두려움이 차지했다.

얼마 후에 나무까지 베어졌다. 설마 고양이 때문에 나무를 다 잘라버리지는 않았을 텐데. 그렇게까지 생각하고 싶지는 않았지만 작은 의심까지 꺼지지는 않았다. 나무까지 없어진 풀밭에 노랑이와 형제들은 더 이상 들어가지 않았다.

몇 년이 지났다. 노랑이와 형제들이 살던 골목에서 고양이를 만나는 것은 드문 일. 어쩌다 만나는 고양이는 놀라 쏜살같이 뛰어서 도망간다.

나무도 잘라버리고 고양이도 주눅들게 만든 아파트의 일부 주민은 만족했을까? 그것보다 아파트 모든 주민들이 고양이를 싫어하지는 않았을 텐데.
나머지 사람들은 왜 침묵으로 동의했을까? 궁금하다.

나 죽었으면
모두 놀어서
같이 울었나
 냐아아옹

고마쎄리 손한번 잡아주이소

고마쎄리
손 한 번 잡아주이소

- 고 마 쎄 리
  손 한 번 잡아주이소

아이 이름은 훈이. 입 아래 턱수염이 가수 나훈아와 비슷하고
손동작도 비슷해서 지었다. 훈이는 건물 주차장 옆 작은 지붕에서
작년 봄에 태어났다.

형제가 모두 다섯 명. 엄마 품에 있을 때 아이 둘이 사라졌지만 그 이유가
사람 때문은 아닌 것 같다. 사람 손이 닿을 곳이 아니다.
엄마는 아이들이 어느 정도 컸을 때부터 내게 스스럼없이 아이들을
보여주었다. 엄마 뒤에 따라온 훈이와의 인연은 그렇게 시작되었다.

다른 형제들보다 내게 가장 가까이 온 아이가 훈이였다. 새벽에 기다릴
때는 가장 앞에서 앉아서 기다리고, 먹고 싶은 닭 가슴살이
내 주머니에서 나오기 전까지는 사료에 눈길도 주지 않고 오로지
내 손만 바라보는 아이였다.

조금이라도 오래 기다린다 싶으면 바닥에 누워서 뒹굴뒹굴 + 기지개
+ 그루밍까지 삼단 콤보를 시전하는 까닭에 닭 가슴살을 안 줄 수가
없었다. 의지할 수 있다면 의지하는 것이 길고양이의 적극적인 삶의
태도임을 몸으로 보여주는 아이가 훈이다.

사실 주차장 아이들을 돌보는 것은 나뿐이 아니다. 다른 두 가지의
사료가 놓여 있는 것으로 보아 두 명 정도 더 있을 것 같았다.
아마도 나를 비롯해서 그 두 분의 호의가 쌓여서 훈이의 눈빛이
저리 친근하게 변했을 것이다.
한 사람보다는 두 사람이, 두 사람보다는 세 사람의 호의가 길냥이를
살만하게 만드는 것이다.

자신만의 영역을 찾아 떠나는 그 순간까지 내미는 손을 꽉 잡아주고
싶다. 닭 가슴살도 주고 똥도 열심히 치우면서 말이다.
저런 눈빛을 내게 선물한다면 그 정도 수고는 수고도 아니다.

길냥이들은 우리들에게 언제나 손을 내밀고 있다.
살기 위해, 살아내기 위해서.

모두 눕어서 죽었으면 좋겠다

길고양이
이사히
픽시이야기

괜찮아질까요
괜찮아질 거야

괜찮아 질까요
괜찮아질 거야

● 괜 찮 아 질 까 요
　 괜 찮 아 질 거 야

　　　인적이 뜸해진 시간. 골목을 가로질러 걸어가는 고양이.
고개 돌려 가까이 사람이 없음을 확인하고 타이어 잡고 일어서 냄새를
맡는다. 그리고 다시 고개 돌려 주변을 찬찬히 둘러본다.

눈이 마주쳤다. 1 … 2 … 3 … 3초 아니 그보다 조금 더 길었을까?
잠깐 시간이 멈춘 느낌이었다. 고양이는 천천히 앞발을 내리고
차 옆으로 돌아서 사라졌다.

보기 드문 광경. 짧은 순간이었지만 냥이의 표정이 그대로 보였다.
골목 생활이 쉽지 않았음을 눈빛으로 보여주고 있었다. 그럼에도
사람이 없으면 아니 안전하다고 생각되면 주머니 속에 있는 송곳이
삐져나오듯이 본능대로 행동하는 것이 보기 좋았다.

고양이는 그렇다. 누군가 싫어해도 미워해도 개의치 않고 살아가며
틈만 나면 고양이스럽게 살려고 한다. 그 고양이스러움이 고양이가
우리의 이웃처럼 살아갈 수 있는 원동력이 되어주는 것은 아닐까.
저 모습에서 표정까지 느긋하거나 무심했다면 더 좋았을 텐데.

꼭 한 번 가보고 싶은 튀르키예에서 살고 있는 고양이들의 모습이
겹쳐진다. 출근길 지하철 좌석에 앉아 있는 고양이와 그런 고양이에게
1도 신경 쓰지 않는 사람들, 번화가 한 가운데에 누워서 그루밍을 하고
있는 고양이, 음식점 창문에 매달려서 밥을 달라고 하는 고양이에게
밥을 주는 사람들.

길고양이에게 밥 주는 일도 힘든 우리나라이기에 그런 튀르키예 고양이의
사는 모습이 몹시 부럽다. 얼마나 더 노력해야만 튀르키예처럼 될지는
모르겠다. 그럼에도 우리의 골목에서 살고 있는 고양이가 튀르키예
고양이처럼 되지 말란 법은 없겠지.

다 우리 하기 나름이다.

골목이어서
좋았겠다
짜샤,
아이기

나의
불안함과 걱정이
너의
몸짓으로 녹아버렸다

• 나의   불안함과 걱정이
 너의 몸짓으로 녹아버렸다

정확한 태어난 날짜는 모른다. 아침저녁 서늘한 바람으로 골목이 식어가는 어느 날로 짐작할 뿐이다. 어미와 늘 만나는 사이는 아니었지만 만날 때마다(어미가 기다릴 때) 간식 정도 챙겨주는 사이였다.

밥은 따로 챙겨 주는 분들이 있었다. 은행잎이 떨어질 무렵, 처음으로 새끼들을 데리고 나와서 만났고, 그때부터 간식을 사료만큼이나 줘야 하는 상황이 되었다. 입이 다섯이라서. 어미는 선을 넘지 않고 거리를 두고 앉아 있었지만 새끼들은 조금씩 다가왔다.

엄마만 그대로 있고 새끼들이 앞으로 오는 상황. 계속 뒤에서만 앉아 있는 아이도 있지만 넷 중에서 셋은 거의 손에 잡힐 듯한 거리까지 왔다. 그렇다고 손까지 허락하지는 않았고, 일부러 만지려고 하지도 않았다.

고양이와의 거리는 고양이가 정하는대로 받아들여야 서로에게 안전하다. 그렇게 첫 눈이 올 때까지 매일 만나다 보니 어느 순간부터 엄마는 보이지 않았다. 아이들 넷만 남았다. 영역을 물려주고 엄마가 떠난 것 같았다. 엄마가 새끼를 독립시키는 일반적인 방법이다.

다행히 새끼들은 모두 겨울 준비를 잘했다. 챙겨주는 사람들 덕분에 살이 찌고 털도 찌면서 겨울과 만났다. 좀 춥다 싶은 날은 잔뜩 털을 세우고 뭉쳐서 앉아 기다리고 있고, 눈이 오면 눈 위를 뒹글거리기도 했다. 눈을 모두 좋아하지는 않았다.

고양이마다 성격이나 취향 차이는 확실하다.

이듬해 2월. 기다리는 아이들의 수가 줄어들기 시작했다. 남아 있는 아이들에게 물어볼 수 없으니 안타까웠지만 받아들여야 하는 것이 길고양이 집사의 숙명. 자신의 영역을 찾아 떠난 아이들을 응원했고, 또 다시 인연이 있어서 만났을 수 있기를 바랄 뿐이었다.

봄까지 남아서 나를 만나 주었던 아이는 하나. 호기심 많고 놀기 좋아하고
사람 좋아하는 아이였다. 특기가 땅바닥에 몸을 비비면서 얼굴 찡그려
뜨리기. 마치 자기가 귀엽다는 것을 아는 것처럼 간식 주기 전에 꼭
저런 모습을 보여주었다.

사실 겨울이 혹독하다고 해도 우리가 조금만 도와주면 견딜 수 있다.
혼자서 온전히 돌보는 것이 아니라 함께해 주는 사람들이 있다면
그들의 겨울도 크게 두렵지 않다. 아이는 나와 함께 골목에서 봄을
맞이했고, 돌아온 엄마와도 다시 만났다. 물론 다 커버린 새끼를 어미는
관심 두지 않았다.

어미와 새끼는 서먹서먹하지만 함께 골목에서 살게 되었다.
골목 사람들의 도움 덕분에….

엄마는 새끼들을 뒤에 두고 지켰지만 새끼들이 크면서 조금씩 다가왔다.

모이 둘이서
축젯이은편
좋겠다

아이의
이야기

귀 기울이기

> 봐주지 않아도
> 괜찮아요
> 놔두기만 해도
> 살아요

봐주지 않아도 괜찮아요
놔두기만 해줘도 살아요

● 봐주지 않아도 　　괜찮아요
　노두기만 해줘도 　　살아요

　둘은 다른 형제들과 함께 공사장에서 태어났다. 기초 골조
공사를 한 후에 멈춰버린 공사장. 이유는 모르겠지만 순식간에 사람들이
사라졌다. 인적이 사라진 곳. 엄마 고양이에게는 출산을 위한 최적의
장소였을 것이다. 정돈되거나 깨끗하지는 않지만 사람이 오지 않는
안전한 곳에서 태어난 새끼들은 엄마의 보살핌으로 살아남았다.

그렇게 5개월이 지나고 엄마는 새끼들에게 공사장을 영역으로 물려주고
미련 없이 옆 골목으로 떠났다. 이제 새끼들만 남았다.
엄마가 떠나고 얼마 동안 울면서 엄마를 찾던 새끼들은
차츰 엄마가 사라진 삶에 적응했다.

그때부터였다. 공사장으로 폐자재를 가져다 놓는 사람들이 나타났다.
뭐를 담았을지 짐작할 수 없는 다양한 크기의 플라스틱 통, 크고 작은
나무 등등. 혹시나 새끼들이 불안해하지 않을까 싶었지만, 호기심 많은
고양이들은 새로운 폐자재를 캣타워 삼아 놀기도 하고, 침대로 삼아
잠을 청하고, 형제들과 함께 놀이동산에 온 것처럼 뛰어다녔다.

사실 고양이의 적응력은 우리가 걱정하고 예상하는 수준을 항상
뛰어넘는다. 그래서 길에서 살 수 있는 것이겠지. 싫어하는 사람이
없다면, 아니 싫어하는 사람이 있어도 괴롭히지 않으면, 고양이는
고양이처럼 살아간다.

나무 팔레트 위에 몸을 끼워 넣고서 너무 편해 보이는 모습.
너희들 왜 그러냐는 말과 함께 웃음이 새어나왔지만 둘은 상관없단다.
가장 편한 자세에 뒤따라오는 졸음과 혼자만의 사투만 있을 뿐.
길 위의 삶. 이 정도라면 괜찮지 않을까!

겨울에 피는
'골목의 해바라기 둘'
입니다

겨울에 피는
골목의 해바라기
입니다

겨울에 피는 '골목의 해바라기 둘' 입니다

둘은 털도 비슷하고 생김새도 비슷하지만 엄마가 다르다. 아빠가 같은지는 모르겠지만. 골목에서 부르는 이름은 사랑이와 사동이. 서 있는 냥이가 사랑이, 앉아 있는 아이가 사동이.

사동이가 엄마에게 독립 당했을 때, 동네 형인 사랑이를 따라다니기 시작하면서 둘은 붙어 다녔다. 사동이가 기를 쓰고 사랑이의 뒤를 쫓아다녔다. 사랑이를 보살펴 주셨던 사장님의 가게가 자연스럽게 사동이의 집이 되었다. 함께 밥도 먹고 잠도 자고.

그렇게 둘이 함께 잘 먹고 잘 살았으면 좋았겠지만, 얼마 후에 가게를 옮겨야 될 상황이 되었다. 사장님은 사랑이와 사동이를 포함한 가게에서 돌보던 냥이들을 집으로 데려 가려고 했다.
다른 냥이들은 순조롭게 잡혔지만, 둘은 잡히지 않았다.

골목에 남게 된 둘은 영역을 조금 옮겨서 지내고 있다. 때맞춰서 밥을 주는
사람도 있고, 나처럼 이따금 만날 때마다 간식을 챙겨주는 사람도 있고,
사람 손이 닿지 않은 높은 위치에 둘의 집을 마련해 주신 아주머니도 있다.

골목이 조용하면 바닥에 누워서 뒹굴고, 사람들이 많아지면 건물
뒤쪽으로 들어간다. 비가 내릴 때는 집에 들어가서 피하고, 추울 때는
볕이 잘 드는 곳에서 둘이 붙어서 보낸다. 볕이 들어오는 위치가
바뀔 때마다 둘이 엉덩이를 밀면서 따라가는 모습을 보면 웃음이 새어
나왔다. 잘 지내고 있구나 싶어서.

어쩌면 우리가 하나부터 열까지 완벽하게 보살피지 않아도,
사람들이 조금씩 애정을 보여주기만 해도 골목 안에서 냥이들은
잘 지낼 수 있다는 것을 사랑이와 사동이가 보여주고 있다.

길고양이
짝사랑
이야기

모두 눈이서
죽었으면
좋겠다

가족으로 태어나 친구로 살아간다

가족으로 태어나
친구로 살아간다

가족으로　태어나
친구로　살아간다

눈앞에서 교통사고를 당한 다른 형제를 보고 밥과 집 그리고
우호적인 사람들이 있는 주차장을 떠나서 골목 안쪽으로 영역을
옮겼다. 혼자가 아닌 사형제가 함께. 원래 사는 주차장에서 50미터
떨어진 골목까지 온 것이다. 안전한 곳을 찾아서

사형제 중에서 셋은 중성화 수술을 했고 하나는 수술을 하지 못했다.
한 마리는 끝까지 포획 틀에 들어가지 않았다. 수술한 고양이와
수술하지 않은 고양이가 섞여 있는 경우에 수술하지 않은 고양이가 먼저
홀로서기를 하는 것이 일반적이다.

그런데 형제들이 영역을 옮기고 1년이 지났지만 흩어지지 않고
밤에는 체온을 나누며 잠이 들고, 낮에는 해바라기처럼 볕을 찾아서 함께
겨울을 견디고 있다.

어느 날은 지붕 위에 옹기종기 모여 있고,
다른 날은 차 밑에 솜처럼 뭉쳐 있다.
다만 카메라만 들이대면 한 녀석은 기가 막히게 화면 밖으로 빠져
나가서 단체 사진은 없다.

사형제는 골목에서 싫어하는 사람들의 목소리보다는 도와주는 분들의
목소리가 커서 형제들은 고정되지 않는 밥자리와 옮겨 다니는 잠자리에도
잘 지내고 있다. 어떤 상황이든 받아들이고 안전하게 살고자 하는
형제들의 적응력은 놀랍다.

사실 눈 떠보니 고양이였고 태어난 곳이 골목이었을 뿐. 주어진 삶을
묵묵하게 받아들이며 살고, 살아가고, 살아내기 위해 길고양이는 최선을
다하고 있다. 부디 끝까지 살아주기를 바라면서 나는 내가 할 수 있는
할 뿐이다.

사람은 사람의 일을 하면 되고,
고양이는 고양이를 삶을 살면 된다.

*뭉치면 따다듯하고
떨어지면 추워요*

뭉치면 따뜻하고
떨어지면 추워요

● 뭉치면   따뜻하고
　떨어지면   추워요

　　　　동네 철물점 건물 주차장에 있는 고양이들. 셋의 유전 관계는
모른다. 형제인지 남매인지 아니면 생판 남인지도 모른다.
생김새가 비슷하고 같은 동네에 살고 있으니 먼 친척이 아닐까
추측만 할 뿐이다.

중요한 것은 지금 함께 산다는 것이다. 가장 낯가리는 고등어 태비가
맨 뒤에 있고, 그나마 낯을 덜 가리는 순서. 불편해 보이는 것은
우리의 판단일 뿐, 끼여 있는 표정은 편안해 보인다.
서로의 체온으로 지켜주고 있으니까.

아이들이 지낼 수 있게 지켜 주고 있는 철물점 사장님.
급식소가 있는 방향으로 CCTV가 있어서 가게에 앉아서 냥이들을
하루 종일 지켜보고 계신다.

밥 주는 사람이나 아는 얼굴이 아닌 낯선 사람이 급식소 주변을
배회하면 어김 없이 나타난다. 그리고 미소와 함께 다정한 말투로
고양이에 대한 이런 저런 이야기를 풀어놓는다.

몇 년 전 겨울, 추운 날씨에 밖에서 고생한다고 건물 지하에 냥이들
잠자리를 마련해 놓고 창문을 열어 놓고 드나들게 해주기도 하셨는데,
불편해하는 입주자도 있어서 그다음 겨울부터는 급식소 옆에 집을
놓아주셨다.

아저씨가 처음부터 고양이에 대해 호감을 가진 것은 아니었다.
동네 캣맘의 간곡한 부탁으로 급식소 설치할 자리를 내 주셨다.
그 이후 캣맘이 급식소를 깨끗하게 관리하며 꾸준히 길고양이에 대해
설명하고 이해시킨 덕분에 아저씨가 길고양이에 대한 생각을
바꾸셨다.

10년 동안 급식소를 관리하면서 신뢰를 쌓은 덕분에 아저씨의 마음도
바뀌고 고양이들의 삶도 바뀐 것이다. 그러고 보면 고양이를 돌보는
것은 사람의 마음을 얻는 일인 것 같다.

STRAY CAT
PHOTO STORY

문 두드리는 소리에
잠에서 깨어
고양이가
마중하러
나왔기

Part 02

엄마는 그렇다

엄마는
떠나는 그날까지
아이들을
지킨다

• 엄마는 떠나는 그날까지
　아이들을　　　　지킨다

오래된 모텔 옆 공터에서 새끼 네 마리가 태어났다.
가만히 앉아만 있어도 웃으며 다가와 챙겨주는 사람들이 있고,
한 쪽 구석에는 비를 피할 수 있는 작지만 아늑한 장소가 있는 공터.
어미의 영역이기도 한 이 공터가 가장 안전하다고 판단했나 보다.

새끼를 낳고 한 달이 지났을까. 서로 엉켜 있는 새끼들 사이로 태비
한 마리가 보이지 않았다. 떠났구나. 아깝게 놓쳤구나 싶어 걱정하는
마음으로 지켜보는 사이에 어미는 새끼들과 함께 사라졌다.
미련 없이 공터를 떠났다.

옮긴 장소는 먹자골목 가게들의 지붕 위. 지붕이 골목보다 아래에
있어 찾기는 어렵지 않았다. 공터와 거리는 30여 미터.
그리 멀지 않았지만 어미는 이제 공터에서 사람들을 기다리지 않았다.

새끼들 곁에만 있었다.
그때 어미의 눈빛이 너무 예리하고 날카로워 베일 것 같았다.

대신 지붕 위에서 새끼들은 편해 보였다. 궁금해서 들여다보면,
자고 있고, 뛰고 있고, 또 자고 있고. 나와 눈이 마주치면 '무궁화 꽃이
피었습니다' 하듯이 멈춰서 쳐다보는 눈빛에 두려움은 없었다.
어미는 하루에 몇 번씩 골목 위로 올라와서 먹이를 구해 지붕으로
되돌아갔다.

그러다 보니 자연스럽게 다른 사람들도 어미와 새끼가 있는 곳을
알게 되었고, 그 후로 지붕 위에는 많은 먹을거리가 떨어졌다.
닭 가슴살, 사료가 있는 비닐봉지 등등.

하늘에서 먹이가 떨어진다는 것을 알게 된 후부터는 어미는 더 이상
먹이를 구하러 나오지 않았다. 대신 소리가 나면 골목 쪽으로 나와서
고개 들어 올려다보곤 했다.

새끼들은 토실토실 살이 오르고 어미는 느긋해졌다.

그렇게 한 달 그리고 두 달이 지나갔다. 어미는 새끼들에게 영역을
물려주고 떠났고, 새끼들은 의지하던 엄마가 떠나고도 한참을 기다렸다.
그리고 혼자 살아가야 한다고 깨달았을 때, 새끼들은 지붕에서 올라와서
골목으로 사라졌다.

어미와 새끼. 헤어지지 않고 같이 살아주면 좋겠지만
그것은 우리의 바람일 뿐, 어미는 새끼를 독립시켜야만 둘 다
살 수 있다는 것을 배웠을 것이다.
어미의 어미가 똑같이 그랬던 것처럼.

🍙 ——
엄마와 아이들은 인기척이 나면 골목 쪽으로 와서 기다린다.

모두 놓아주면
좋았을 거다

김고양 사사기
이야기

나는 가만히 있다 나무만 돌고 있다

나는 가만히 있다

나무만 돌고 있다

• 나는 가만히 있다
　나무만 돌고 있다

　　　육퇴 없이 독박육아 중인 고양이 엄마의 시간은 빠르게
흘러간다.

갓 태어난 꼬물이들이 눈 뜨게 하려고 하나하나 핥아주고 젖을
물리다보면 한 달이 훌쩍 지나간다. 이제부터는 아깽이 시절. 한 걸음을
가더라도 걷지 않고 뛰어다니고 이빨이 나면서부터 틈만 나면 엄마를
장난감처럼 물고 뜯으며 엄마의 꼬리를 잡기 위해 한 나절을
날아다닌다. 엄마의 눈빛은 생기를 잃고 살이 마른다.

그럼에도 엄마는 아이들에게 가르쳐야 할 것이 많다. 오늘은 나무
타기를 가르치는 날. 엄마의 나무 타기 시범은 너무나 완벽하다.

좌우로 흔드는 꼬리로 중심을 잡고, 올라갈 때 속도와 내려오는 속도,
앞발과 뒷발의 위치, 시선 처리, 3초간 정지 상태 유지까지. 10점 만점에
10점. 엄마의 시범이 끝나고 바로 나무에 오르기 시작한 아이. 올라가는

속도만 엄마와 비슷할 뿐, 내려오면서 바로 균형을 잃고 자세가 흐트러지고 빙그르 몇 번을 돌기를 반복하다가 가까스로 땅에 내려앉는다.

엄마는 다 그렇게 알아가는 거라는 듯이 무심하게 앞장서고, 아이는 또 뭐가 좋은지 엄마 꼬리잡기를 하며 뒤를 따라간다. 엄마는 할 수 있을 만큼 아이를 가르치고, 아이는 실수를 하면서도 도전하며 오늘도 크고 있다.

내일은 나무 타기 복습하고, 모레는 먹이 활동하는 방법도 알려줘야 하고. 고양이 엄마의 시간은 늘 부족하다.

엄마는 이미 지쳤지만 가르쳐야 할 아이들이 아직도 남아 있다. 다음은 삼색이 차례.

아이를 품고서
등대처럼 지킨다

● **아이를   품고서
등대처럼 지킨다**

기후 위기로 가을이 따뜻하지만 따뜻해도 가을은 가을이다.
햇볕을 품은 바람은 친절하지만 해를 잃어버린 바람은 매몰차다.
서늘하거나 싸늘한 바람.

사실 길고양이는 길 위에 찬바람이 돌아다니기 시작하면 겨울을
준비한다. 먼저 많이 먹어 몸집을 키운다. 체중이 늘어나면서 체지방
비율도 함께 늘어난다. 또 하나. 원래 있는 털 밑으로 딱딱한 단모들이
올라오게 되면서 털이 많아진다. 이것을 '털찐다' 라고 한다.
겨울 준비가 된 길고양이에게 겨울은 두렵지 않다

그런데 새끼 고양이는 아직 어려서 혼자 겨울 준비를 할 수 없고, 겨울이
가까워서 출산한 엄마 고양이도 새끼를 돌보느라고 겨울 준비를 제대로
못하는 경우가 종종 있다.

이런 때는 함께 견딘다. 엄마 고양이는 새끼를 품으로 끌어안고 바람에 맞서게 되지만 엄마도 춥다. 바람을 막을 뭔가를 찾게 된다.
오늘은 버려진 스티로폼 조각이 이불이 된다. 제법 큰 크기라서 바람을 막고 체온도 유지할 수 있을 것이다.

이렇게 오늘 하루를 견딘다. 내일 걱정은 하지 않는다.
내일은 내일의 엄마가 견뎌낼 테니까.
오늘의 엄마는 오늘 품 안에 새끼를 지킬 뿐이다.

가을 비가 오고 있지만. 비가 내린 후에도 당분간은 따뜻하다는 예보에 한시름이 놓인다.

고양이 엄마는 새끼가 조금 더 클 때까지 찬바람도 첫 눈도 늦어지길 바랄 것이다.

나도 같은 마음이다.

엄마는
배고픔을 모른다
잊었다
몰라야 한다

● 엄마는 배고픔을 모른다
　잊었다　　몰라야 한다

　　　고개 들고 당당하게 걸어가는 것처럼 보이지만, 실상은
바닥에 끌리지 않게 하려고 고개를 한껏 젖히고 걸어가고 있다.
걸어가는 아랫배가 며칠 굶은 것처럼 홀쭉하지만 입에 물고 있는
생선을 먹을 생각은 없어 보인다.

빠르게 걸어가는 목적지는 건물 옆 화단. 그곳에 새끼들이 기다리고
있다. 삼색이 엄마의 털색을 두 개씩 가져간 새끼들도 한껏 목을 빼고
기다리고 있다. 새끼들은 엄마가 물고 온 생선뼈에 붙어있는 살을
야무지게 뜯어 먹는다. 엄마는 옆에서 가만히 지켜보다가 자리를 떠난다.

다시 새끼들 먹을 것을 구하러 간 것인지 아니면 본인의 허기를 채우기
위해서 간 것인지는 모르겠지만 엄마는 다시 골목으로 돌아갔다.

엄마의 배고픔은 상대적이다. 새끼들의 입에 먹을 것이 들어가면
엄마의 배고픔은 사라진다.

그러니 도둑질은 아니지만, 아니 도둑질을 해서라도 어떻게든 새끼들의
먹을 것을 구해야 하는 것이 엄마의 마음이다.
늦봄에 태어난 새끼들을 습한 여름에 독립시켜야 하는 엄마는 지금
조급할 것이고 점점 움직임은 빨라질 것이다.

엄마가 잠시 자리를 비운 사이에 새끼들 사는 화단에 다가갔다.
인기척에 엄마인가 싶어서 고개를 내밀던 새끼들은 화들짝 놀라서
뒤쪽으로 도망가서 앉는다. 빤히 바라보고 있다. 원하지는 않았던
모델이 되어준 답례로 닭 가슴살을 놓아두었다.

몇 걸음 물러서는 듯하다가 한 녀석이 재빠르게 다가와서 닭 가슴살을
물고 뛰어간다. 뒤이어 다른 아이도 달려와서 물고 간다. 둘은 거리를
두고 닭 가슴살을 바닥에 놓고 앞 다리로 야무지게 누르고 뜯어먹는다.
둘 입맛에 맞는 것 같다. 다행이다.

먹을 생각에 기분 좋아 꼬리 올라가는 새끼
내가 가면 어쩌나 싶어 자꾸 돌아보는 엄마
부족하다며 가지 말라고 눈빛으로 잡아놓는다

먹을 생각에 기분 좋아 꼬리 올라가는   새끼
내가 가면 어쩌나 싶어 자꾸 돌아보는   엄마
부족하다며 가지 말라고 눈빛으로 잡아놓는다

고양이 엄마를 만나는 심정은 복잡하다.

새끼를 볼 수 있을지 모른다는 설렘이 있지만, 하루가 다르게 홀쭉해지는 고양이 엄마를 보는 안타까움이 있다. 사실 새끼도 안쓰럽지만 엄마에 대한 안타까움이 더 크다.
'아이들 다 살리려면 엄마가 먹고 먼저 힘내야지' 말하고 캔을 주지만 엄마는 망설임 없이 입으로 물고 담장 넘어 새끼들에게 간다.

흘리는 것이 반 이상. 아이들에게 가져다 줄 닭 가슴살은 따로 있는데. 엄마 먼저 먹으라고 주는 캔도 엄마의 몫은 아니다.
캔이 되었건, 닭이 되었건, 엄마는 입에 물고 담장을 넘어 다니기 바쁘다.
한 번, 두 번, 세 번, 네 번. 입에 물고 가다가 서서 뒤돌아본다.

말은 통하지 않아도 눈빛으로 부탁한다. 특별히 나를 알아보고
부탁하는 것이 아니라 누구라도 부탁했을 것이다.
조금 더 필요하다고. 가지 말라고. 기다리라고.

골목에서 만났던 모든 엄마 고양이들은 같은 눈빛으로 바라본다.
새끼들 먹을 것이 더 필요하다는 절박한 눈빛.
새끼 입에 먹을 것 들어가면 안 먹어도 배가 부르다는 옛말이
틀리지 않다.
사람이나 고양이나 엄마들의 마음도 다르지 않다는 것도.

고양이 엄마는 넷을 낳아서 셋을 살렸고, 석 달 후에 사료와 물이 있는
마당을 아이들에게 물려주고 옆 골목으로 떠났다.
모든 것을 다 아이들에게 주고 떠났다.

엄마는 그렇다.

한 아이만 남았다

한 아이만 남았다

작은 돌무덤 하나
아직 엄마 품에 있을
길 고양이

• 한 아이만
　남　았　다

　　　끝이 없어 보이는 계단을 올라가는 엄마와 아이. 엄마는
꼬리를 내리고 조심스럽게 주변을 살피면서 올라가고, 아이는 엄마
따라 계단 위로 폴짝폴짝 뛰어 올라가고 있다. 엄마와 함께라서 기분이
좋은지 꼬리를 한껏 올리고 좌우로 흔들며 따라가고 있다.

둘이 시야에서 벗어날 때까지 셔터를 누르고 있을 때
왼쪽 창문 있는 집에서 지팡이 짚고 나오시던 할머니가 사진기를 들고
있는 걸 보며 뭘 찍냐며 물어본다. 어미와 새끼를 찍고 있었다고.
너무 귀엽다는 내게 엄마와 아이에 대해서 이런저런 이야기를 전해준다.

계단 아래쪽 파란 지붕 있는 집에서 새끼 4마리 낳았고, 조그마한
새끼들이 계단 여기 저리 뛰어다녀서 정신없긴 해도 얼마나 작고
이뻤는지 모른다고.

그러다가 한 마리씩 새끼들이 사라지고 이제는 한 마리만 데리고 다닌다고. 가겟집 아줌마가 매일 밥을 챙겨줬는데도 새끼들이 잘못된 것 같다며, 아마도 하나 남은 새끼를 잃을까 싶어서 저렇게 동네를 하루 종일 데리고 다니는 것 같다고 하신다.

뒤돌아 집으로 들어가며 '사람이나 짐승이나 어미가 새끼 잃으면 제정신이 아니야'라고 하신다. 품 안에 새끼를 살리고 싶은 마음은 누구나 같다. 모성애. 막연하게 있을 것이라고 생각했던 것을 눈으로 직접 확인했던 날. 아직까지 그날의 기억이 생생하다.

엄마는 아이를 살렸을까? 엄마는 또 얼마나 살았을까?
궁금증에 몇 번 동네를 찾아갔지만 같은 무늬의 고양이를 만나지는 못했다.

막연하게 둘이 잘 살기를 바라면서 돌아왔다. 하지만 길고양이가 2~3년 밖에 살지 못하는 현실에서 막연하게 잘 살기를 바라는 마음이라니. 고양이를 찍는 내가 감당해야 할 고민이 이때부터 시작되었던 것 같다.

모두 놓여서
죽었을 것이다
― 파양이
아니었기

*이 아이는
살게 해주세요*

------- ◆ -------

이 아이는
살게 해주세요

이   아이는
살게 해주세요

어제는 둘 오늘은 하나. 그 하나의 삶도 불안불안하다. 엄마의
초조하고 경계심이 가득한 눈빛만큼. 간식을 주면 서둘러 새끼에게
물어다 주고, 간식을 준 내게 입을 크게 벌려서 하악질로 위협하며
지키고 싶은 피붙이.

나는 해치지 않아 안심하라고 아무리 설명하는 눈빛을 보내도 엄마의
마음은 오직 새끼 하나만을 보고 있다. 그러다 남은 새끼도 사라지고
나면, 날 쳐다보며 우는 엄마에게 해줄 말도 사라진다.
안타까운 마음으로 먹을 것을 챙겨줘도, 그 좋아하던 간식이 앞에
있음에도 신음 같은 울음만 토해낼 뿐이다.

동네와 골목 그리고 길에서 태어나서 죽지 않고 살아남는 것이
힘들다는 바뀌지 않는 현실. 지켜보는 마음은 올해도 어김없이
무너져 내린다. 새끼들이 떠난 골목은 언제 그랬냐는 듯이 평온하다.

꼬물거리던 새끼들이 이쁘다며 먹을 것을 주던 사람들이 엄마를 위한
밥그릇을 치워버리는 오늘. 그렇게 좋으면 데려가 키우라고 하는
가시 돋친 말들이 날 에워싸고 서성이며 날 찌르고,
뒤에 있는 고양이 엄마를 낭떠러지로 밀어내고 있다.

1,600년을 넘게 우리와 함께 살고 있지만 여전히 눈 뜨고 사는 것조차
죄라고 몰아붙이는 사람들. 그런 사람들의 시선과 행동에 숨 쉬며
사는 것조차 벌처럼 느껴지는 고양이지만 새로운 생명은 태어나고
지키려는 엄마도 결코 포기할 수 없다.

여전히 관대하지 않은 골목에 살고 있는 고양이들도 그들의 삶을
포기하지 않는다. 살려고 하는 그들 옆에서 우리가 지켜줘야 하는
이유이기도 하다. 나는 끝까지 지킬 것이다.

모두 붙어서
죽었으면 좋겠다

고양이
하악
길고양이

귀찮다 밀어내고
화내고 도망쳐도
턱 밑까지 따라 붙는 것은
세월과 내 새끼뿐이다

• 귀찮다   밀어내고   화내고   도망쳐도
턱 밑까지 따라 붙는 것은 세월과 내 새끼뿐이다

　　　　안락사 혹은 살처분 대신 인도적인 공존의 방법으로 시작된
중성화 수술이 시작된 지도 십수 년이 흘렀다. 얼마나 성과가
있었을까! 과연 인도적일까! 진짜 수술 후에 얼마나 오래 살았는지
알고 있는 사람은 있을까? 혹시 죽이는 대신 수술을 해 주는
것만으로도 고맙게 생각하지는 않았는지 되돌아볼 때는 아닌가?

기초 자치 단체는 물론 시, 도, 광역시에서 중성화 예산이 늘어나면서
수술이 된 개체 수는 늘어나고 있지만, 큰 수술을 받은 후의 삶을
지켜주지 않는다면 그들의 삶은 더 비참해질 수밖에 없다.

엄마와 어느새 덩치가 커 버린 아들이 수술 후에 함께 지낼 수 있는 건
사장님의 적극적인 돌봄 덕분이다.
엄마와 아들뿐만 아니라 다른 아이들까지 먹을 수 있을 만큼 넉넉한
사료가 있는 밥자리를 놔주고, 누가 물어봐도 기다렸다는 듯이 다정한

말투로 엄마는 언제 어떻게 태어나서 언제 수술을 받았는지 자세하게
설명해준다. 아들은 왜 엄마와 살게 됐는지, 다른 형제들은 어떻게
되었는지까지 소상하게 이야기하는 사장님.
혹시나 길고양이 불편해하는 손님이 오면 고양이들이 손님들에게
가까이 가지 못하게 막는 것도 사장님이 해야 할 일이다.

사장님이 설명하고 보살핀 덕분에 엄마와 아들이 편안하게 친구처럼 살
수 있는 것이다. 하지만 사장님 혼자서 골목에 있는 길고양이 모두를
돌볼 수는 없다. 모든 길고양이를 위해서는 더 많은 사람들이 나서야 한다.

어느 한 개인의 노력과 헌신에 의존하는 것이 아니라 중성화 정책을
시행하는 지자체에게 수술한 길고양이들이 끝까지 살아남을 수 있게
요구해야 한다. 혼자가 아닌 연대를 통해서 얻은 힘이 있다면 지자체에
요구할 수 있다. 길고양이는 할 수 없지만 우리는 할 수 있다. 캣맘이면서
국민이고 유권자이면서 민원이니까. 그래야 지금보다 더 많은
길고양이들이 안전하게 오랫동안 우리와 함께 살 수 있다.

저렇게 살아가는 길고양이들이 많아지게 하려면 우리가 함께
나서야 한다.

모두 늙어서
죽었으면
좋겠다

— 길고양이
— 떡사리
— 아이기

새끼 울음소리가 그치고 엄마의 시간도 멈췄다
핥아주고 품고 기다리고 기다렸지만 울지 않는다
보내주고 싶지만 엄마는 고양이별 주소를 모른다

새끼 울음소리가 그치고　엄마의 시간도 멈췄다
핥아주고 품고 기다리고 기다렸지만 울지 않는다
보내주고 싶지만 엄마는 고양이별 주소를 모른다

다가가도 뒤를 돌아보지 않는다. 잠이 깊게 들었나 생각하며 발을 내딛다가 그만 마른 나뭇가지를 밟았다. 아. 이런. 바스락 소리에 고개를 돌리는 젖소냥이. 아주 천천히 고개를 움직여 힐끔 보고는 그대로 고개를 돌린다. 그리고는 다시 등을 보이며 앉아있다.

왼쪽으로 크게 원을 그리면서 옆쪽으로 다가가서 젖소냥이를 살폈다. 젖소냥이 앞에는 검은 뭔가가 놓여 있었다. 언뜻 보기에 털뭉치 혹은 꼬리 같아 확인하기 위해 다가갔다. 젖소냥이는 그대로 움직이지 않았다. 그 앞에 있던 것은 털 뭉치도 꼬리도 아닌 고양이였다.

눈도 떠보지도 못하고 숨을 거둔 작고 검은 고양이였다.
손으로 누워 있는 고양이를 만질 수 있을 정도 가까이 다가갔다.

젖소냥이는 느리게 걸음을 옮겼다. 피하는 것처럼 느껴졌다.

지키고 있었나?
혹시 엄마인가?
그럼 다른 새끼들은?
저 아이는 어쩌다가 그랬지?
생각이 꼬리에 꼬리를 물었지만 젖소냥이는 몇 걸음 떨어져 앉아서
바라볼 뿐이었다.

개미와 거미까지 달라붙어 새끼 고양이 입속을 바삐 들락날락한다.
한 손으로 새끼를 들었다. 가볍고 부드럽지만 시큼하고 퀴퀴한 냄새가
올라온다. 겉은 멀쩡해 보였지만 안으로 이미 부패가 시작되어
녹아내리는 것 같았다. 공원 한쪽 구석으로 가서 낙엽을 걷어내고
손으로 땅을 파서 묻어주었다.

몸집이 작아서 깊이 파지 않아도 되었다. 끝까지 눈을 떼지 못하고
지켜보는 젖소냥이. 땅 속으로 사라지는 새끼 고양이를 지켜보는
마음은 어떠했을까?

그래 견디다 보면 하루
버티다 보면 한 달이고
그러다 보면 일 년이다

그래 견디다 보면   하루
버티다 보면   한 달이고
그러다 보면   일 년이다

길동이. 이름만 써도 보고 싶다. 나무처럼 듬직하고, 바람처럼 조용하게 10년 동안 곁을 지켜준 동네 친구 같은 고양이. 길동이도 혈기 왕성하던 시절에는 왕초가 되기도 했지만 그것도 잠시일 뿐. 혼자서 조용하게 지내는 것을 좋아한다.

그럼에도 몸집이 작고 힘이 없는 고양이가 따라오면 밀어내지 않고 곁을 내주고 묵묵히 지켜주는 아이. 가을에 태어난 길동이의 새끼로 보이는 아이들 중에서 유일하게 살아남았던 태비는 엄마가 떠난 후부터 길동이와 함께 지낸다. 길동이가 태비 아들이라고 해도 길동이도 태비도 그런 사정은 몰랐을거다.
엄마가 떠난 후에 홀로 서기가 힘든 아깽이들은 다른 성묘 고양이를 따라다니며 더 클 때까지 의지하는 것은 흔한 일이니까.

조금 무뚝뚝하던 카오스 엄마와 다르게 길동이는 태비의 모든 응석을 받아 주었다. 아주 살갑게 굴지는 않았지만 태비가 머리를 비비고, 다리를 물고, 꼬리를 잡겠다고 이리 뛰고 저리 뛰고, 심지어 목덜미를 물고 흔들다 제풀에 나가떨어져도 다른 타박 없이 다 받아준다.

8살 길동이가 혈기왕성한 아깽이와 함께 지내는 것이 쉽지 않았음에도 겨울을 다 지내고 봄을 지나 장미꽃이 떨어질 무렵, 동네 공원에 설치된 길고양이 급식소에 태비를 데려다 놓고 며칠 동안 뒤에서 지켜보다가 사라졌다.

태비는 급식소 근처에서 지냈고, 길동이는 우리가 처음 만났던 아파트 근처 골목에서 만났다. 다시 혼자의 삶으로 돌아왔다.
길동이는 왜 그렇게 오랫동안 태비를 돌봐주었을까?
무엇을 알려주었을까?
궁금하지만 물어 볼 수 없으니 길동이의 표정으로 짐작할 뿐이다.

'그래 견디다 보면 하루, 버티다 보면 한 달이고, 그러다 보면 일 년이다'

STRAY CAT
PHOTO STORY

물컹 찢겨 속 담긴 것은
포상이라
이야기

Part 03

우리와
만남도
거리도
고양이가
결정해야 한다

길고양이
짝사랑
이야기 | 모두 눕어서
짝 죽었으면
좋겠다

우리는 널 지켜줄 수 있을까?

우리는 널
지켜 줄 수 있을까?

한다원
하예정률
강아이가
그리다
구부심
허리아

PART 03

• 우리는   널
  지켜 줄 수 있을까?

　　　　개나리와 진달래가 이미 피었다 떨어지고, 벚꽃이 바닥에
핑크빛 주단을 깔아 놓고, 라일락 향이 퍼지는 때.
봄이 깊어지면 골목에는 아깽이(아기 고양이)들의 모습이 보이기
시작한다.

아직 엄마의 보살핌을 받고 있는 아이들도 있지만 이미 독립 당한
아이들도 있다. 조금 더 품에 데리고 있어 주었으면 하는 것은 나의
바람일 뿐. 결국은 엄마의 선택이다.
선택의 기준이 있겠지만 엄마마다 달라서 아깽이마다 독립을
당하는 때는 다르다.
빠르면 3개월 전후로 독립시키기도 하지만 늦으면 계절 하나를 훌쩍
넘어서 8개월까지도 품에서 새끼를 놓지 않는 엄마도 있었다.

오랜만에 고개 넘어 동네로 산책 갔다가 만난 아깽이. 큰 귀, 거뭇한
코끝, 벌써 검게 물든 발털. 뭔가를 말하고 싶어 하는 눈과 입.
이미 많은 일을 겪고, 많은 것을 알고 있어 보인다.
흉흉한 뉴스가 하도 많은 요즘이라서 반가움보다는 걱정이 더 크다.

호의로 내미는 손에도 뒷걸음으로 물러서는 아이에게 닭 가슴살과
캔을 하나 놔주었다. 앞에 놓인 간식과 날 번갈아 보며 어렵게 몇 걸음
앞으로. 다시 꼼꼼히 냄새 맡고 나서야 먹기 시작한다.
편하게 먹었으면 하는 마음으로 몇 걸음 뒤로 물러섰다.
먹으면서도 눈치 보는 것을 빼먹지 않는 아이를 보는 마음은 착잡하다.
뭘 이렇게 빨리 알았을까.
그저 호기심으로 살아도 되는데….

그래서 진짜 궁금하다.
'엄마는 뭘 보고 너를 떠나보냈을까?' 그리고
'우리는 너를 지켜줄 수 있을까?'
지켜주고 싶다. 정말로

모두 놓아야만
죽었겠다
싶어
길 고양이

지루할만큼 편하다면
배고프지않는다면
살수있다
골목에는 놀이감이 너무 많다

지루할 만큼 편하다면
배고프지 않는다면
살 수 있다
골목에는 놀이감이 너무 많다

• 지루할 만큼 편하다면 배고프지 않는다면
  살 수 있다 골목에는 놀이감이 너무 많다

혼자 신이 났다는 것은 그만큼 살기 편하다는 뜻. 아파트 건물 옆 풀숲에 있는 급식소에는 언제나 사료가 있고, 아파트 어디에 누워 있어도 놀라는 사람도 없고, 이름 부르는 소리에 실눈을 뜨면 손에 간식이 들려 있는 사람 사는 아파트에 나비가 살고 있다.

냥이 챙겨주시는 아주머니는 종종 다른 주민들과 만나는 자리에서 나비에 대한 오래된 이야기와 근황을 알린다. 언제 우리 아파트에 나타났고, 작년 여름은 어땠고, 지난겨울은 어땠는지를 자세하게 풀어 놓는다. 몇 층 몇 호 사는 아이들이 나비를 너무 좋아한다며. 워낙 이쁜 짓을 하니까 그런 것 같다고 슬쩍 외모 칭찬을 끼워 넣는 것도 빼먹지 않는다.

아주머니가 이야기 삼매경에 빠져 있으면 어느샌가 나비가 나타나 바닥에서 혼자 뒹굴뒹굴하며 놀다가 꼼꼼히 세수를 하고 있다.

불편해하는 아파트 주민도 물론 있다. 그런 사람들에게는 더 신경 써서 나비의 활약상을 설명한다. 나비가 오고부터 음식물 쓰레기 근처에서 쥐가 보이지 않는다는 말과 함께 얼마 전에 나비가 경비실 앞에 물어 놓은 쥐 이야기를 빼먹지 않는다. 공짜로 밥 먹지 않는다며 기특한 녀석이라고 이쁘게 봐달라고 부탁한다.

"쟤들이 살면 얼마나 살겠어요. 글쎄. 길에서 살면 2~3년밖에 못 산데요. 쟤는 3살 됐어요. 그냥 여기 사는 동안 밥이라도 줘야 하지 않겠어요? 좀 부탁해요"라며 말 끝에 자연스럽게 과일이나 음료수를 꺼내서 주기도 한다. 이런 아주머니의 노력으로 나비는 느긋하게 혼자 신나서 아파트 주민처럼 살아가고 있다.

그런 나비가 가장 좋아하는 것이 자동차 범퍼에 얼굴 비비기. 어찌나 힘껏 비비는지 나이가 더 들면 대머리가 되지 않을까 걱정이 된다.

참. 나비 나이는 공식적으로 3살. 실제 나이는 더 많다. 벌써 겨울을 여섯 번 지났지만 아주머니에게 나비의 나이는 영원히 3살일지도 모르겠다. 실제 나비 나이는 아주머니와 우리들만 알고 있는 걸로….

길고양이
이야기

모두 늙어서
중얼거림 들렸다

너의 두려움이 부디 마음에 쌓이지 않기를
너의 경계심이 삶에 걸림돌이 되지 않기를

• 너의 두려움이 부디 마음에 쌓이지 않기를
　너의 경계심이 삶에 걸림돌이 되지 않기를

　　　　걸어가다 담장 위에 앉아 있는 길고양이를 보고 걸음을
멈췄다. 가만히 앉아 있던 녀석은 깜짝 놀라 위협이라도 받은 듯이 담장
너머로 뛰어내려간다.

뭐가 그렇게 놀랐을까. 두려웠을까. 신문 일을 할 때는 매일 지나다녔던
골목. 길고양이를 돌봐주는 분들이 있어서 밥자리와 집이 있던 곳이다.
주변을 살펴보았다. 밥자리가 있던 장소에는 아무것도 없다.

빌라 안쪽 장독대 뒤, 공원 뒤에 풀숲. 몇 군데를 살펴봐도 깨끗하다.
아마도 돌봐주던 분들이 이사를 갔거나, 밥 주는 문제로 다툼이 있어
치워진 것 같다.

다시 담장 앞으로 돌아왔을 때. 고양이가 나를 저렇게 바라보고 있다.
내가 살고 있는 관악구에는 길고양이 보호단체의 노력으로 꽤 많은
길고양이 급식소가 설치되어 있고, 구청, 주민센터 등에 설치된
공공급식소도 있다.

1년 내내 길고양이 인식 개선 광고를 붙이고 다니는 버스도 있고,
구청에서도 동물 복지 관련 정책이 확대되고 예산도 늘어나고 있다.
그렇지만 같은 구라도 동네에 따라 길고양이의 삶은 차이가 날 수밖에
없다. 단체에 소속되어 활동하는 분들이 있는 동네와 없는 동네의
차이는 크다.

결국 고양이를 위해서 얼마나 많은 사람들이 나서서, 어떻게
행동하느냐에 따라서 길고양이의 삶은 분명히 달라진다.
얼마 전까지 사람을 두려워하지 않던 길고양이가 살던 골목이 바뀐
것이 안타깝다.

여전히 집 밖은 위험하다

여전히
집 밖은
위험하다

결정해야 한다
고양이
그러나
너무나
험하다

여전히 집 밖은 위험하다

봄에 태어나 겨울을 처음 겪고 있는 아이.

하얀 눈에 대한 호기심보다는 추위에 대한 놀라움이 조금 더 큰 것 같다. 집에서 나와 앉아 있거나 집을 비우고 골목을 돌아다니는 일이 없다. 비닐로 둘러싸여 있는 종이집에 들어가 지나가는 겨울을 무심하게 지켜보고 있다.

아이가 있는 골목 중간에 작은 화단에는 길고양이 급식소가 있어서, 배고프면 몇 걸음 걸어 나와서 배를 채우고 다시 집으로 들어간다. 굳이 골목 여기저기를 다니지 않아도 된다.

그래서일까.
겨울집에 턱을 괴고 앉아 골목을 오가는 사람 구경을 한다.

좋아하는지는 모르겠지만 볼 때마다 그러고 있다.
사람은 무섭고 두려운 존재가 아닌 것이다.
집을 놓아줄 때도 몇 걸음 뒤에서 지켜보고 있었고, 자신을 발견한
사람들이 휴대폰을 들어대는 일이 일상이고, 매일 사료와 간식을
놓아주는 사람을 본 고양이에게 사람은 무섭고 두려운 존재가
아닌 것이다.
그러니 낯선 사람이 관심을 보여도 숨거나 도망치지 않는다.
집 안쪽으로 조금 물러서는 정도.

우리가 주는 호의를 자연스럽게 받아들이면서 사람을 두려워하지
않고, 사람을 자신의 삶에 도움을 주는 존재로 인식하고 함께
살아가는 것. 굳이 꼬리 세우고 달려오지 않아도 되고, 몸으로
제 다리에 비비지 않아도 된다. 친하지 않아도 서먹서먹한 이웃이어도
좋다.

계속 겨울만 두렵고 사람은 두렵지 않은 상태로 함께 살아가길
바랄 뿐이다.

길고양이
짝사랑 이야기
모두 늙어서
죽었으면 좋겠다

영광의 목걸이라면 좋았겠지만
고달픈 삶의 증거물일 뿐이다

한 고향이가 정점해야 허리야
그러니까 그 묶음

• 영광의 목걸이라면 좋았겠지만
　고달픈 삶의　증거물일 뿐이다

　　　플라스틱 목걸이를 한 길고양이를 심심치 않게 만난다.
먹이를 찾기 위해서 플라스틱 구멍에 목을 넣었다가 뚜껑이 목에 걸려
목걸이처럼 걸고 있는 것이다.

검은 고양이가 앉아 있는 화단에는 구청과 길고양이 보호단체에서
함께 설치한 길고양이 급식소가 있다. 번듯한 나무로 만든 급식소가
설치되기 이전에도 그릇 밥자리가 있었다. 그곳에서만 밥을 먹었다면
아무 일도 생기지 않았을 텐데, 왜 목도리가 끼여 있을까?

길고양이는 자신만의 영역이 있고, 그 영역 안에서 먹이활동을 하는
장소로 여러 곳을 두고 있다. 그런 이유로 한 번 먹을 때 배부르게
먹지 않는다. 자신의 영역을 돌아다니면서 먹이 활동을 하고
동시에 영역 표시를 한다.

그 영역에 급식소가 충분히 설치되어 있다면 돌아다니면서 먹이활동을
하겠지만. 급식소가 부족하다면 음식물 쓰레기를 먹으려고도 한다.
아마도 쓰레기통을 뒤지다가 목걸이를 하게 된 것으로 보인다.

목걸이는 혼자 **빼기** 어렵다. 그래서 구조 후에 **빼주어야** 한다.
동시에 급식소를 충분히 설치하는 것도 필요하다. 음식물 쓰레기를
먹겠다고 쳐다보지도 않도록 말이다. 검은 고양이의 목걸이는
빼주었고, 내친김에 중성화 수술까지 해줬다.

구조와 수술을 겪으면서 사람에 대한 경계심이 높아져서 예전처럼
가까이 오지는 않는다.

아무래도 괜찮으니 건강하게만 살았으면 한다.

매일 같은 눈빛은 없다
매일 같은 날이 없듯이

우리도 한결같이 사랑해야 하는 부담을 버리자

● 매일 같은 눈빛은 없다
　매일 같은 날이 없듯이

　　　　꽃 지는 자리에 앉아 있는 고양이 누리. 누리는 조심성 많은 소심한 고양이다. 좋아하는 간식을 먹을 때도 100% 집중하지 못하고, 작은 기척에도 주변을 한참 살피고 확인한다.

처음부터 그런 성격은 아니었다. 처음 만났을 때 성격은 지금과 사뭇 달랐다. 간식을 주는 나와 눈을 맞추려고 하고 슬쩍 와서 다리를 비비고 갈 만큼 가까웠지만 나이가 들어가면서 점차 변해갔다.

누리 있는 곳에 급식소를 놓아주고, 중성화 수술도 해 주었지만 누리의 삶은 편해지지 않았다. 나와의 거리도 조금씩 멀어졌다.
느긋하게 무심하게 살 수 있기를 바랐지만 동네 사람들은 누리가 그렇게 살 수 있게 대해주지 않은 것 같다.

누가 알려주진 않았지만 누리의 눈빛을 보면 짐작할 수 있다.

사람들이 자기를 어떻게 대하는지, 말이 통하지 않아도 자신에게 하는 행동을 보면서 판단하고 받아들인다. 그런 누리의 눈빛은 매년 달라진다. 두려움은 커지고 경계심은 높아지고 있다.
역시 혼자서 누리를 지키기에는 역부족이다.

사람들이 필요하다. 누리가 왜 여기에 살고 있는지.
누리가 여기에 살기 위해서 무슨 수술을 받았는지.
무엇보다 누리가 왜 우리와 함께 살아가야 하는지 알려줄 수 있는 사람들.

걱정하는 사람들은 정말 많아졌지만 누리를 위해 직접 행동하는 사람들은 좀처럼 늘어나지는 않고 있다.
누리가 언제까지 삶을 이어갈 수 있을지 모르겠다.

누리가 겪고 있는 상황은 이 땅의 모든 길고양이가 겪고 있는 현실이다.

모두 놓아서
죽었으면
좋겠다

이야기
하나의
김고양

딱 한 번만이라도
너와 눈을 마주한다면
누가 너를 무섭다고 할까
더럽다고 할까

● 딱 한 번만이라도 너와 눈을 마주한다면
　누가 너를 무섭다고 할까 더럽다고 할까

　　　　어느 날 마당에 놓아둔 의자에 앉으려다가 고양이가 있어서
깜짝 놀라셨다고. 고양이는 놀라지도 않고 땅으로 내려와 앉아 아저씨를
쳐다보더란다. 뭐 이런 녀석이 다 있나 싶어 헛웃음이 나오셨다고.
털 색깔에 따라 '노랭이'라는 이름을 지어주고 가끔 강아지 간식을
주셨다고 한다. 잘 먹지는 않았지만.

아저씨의 마당에 주로 잠을 자러 왔다고 한다. 화단 끝이나 담장 위에서
잠을 자던 노랭이. 하루에도 몇 번씩 보다 보니 정이 들어서 안 보이면
서운할 정도였다고. 그러다가 어느 날 보니 침을 흘리는 걸 보고 동네
동물 병원에서 물어보니 구내염이라고 해서 약까지 지어다 먹이면서
챙기는 사이가 되었다고 한다.

노랭이를 위해서 마당 한쪽에 집을 내어주고 그릇을 준비해서
사료까지 채워 놓았다. 노랭이는 마당에 자리를 잡았다.

아저씨가 손을 내밀었고 노랭이가 잡은 것이다.

나와는 담장 위에 앉아 있을 때 처음 만났고, 간식을 주면 먹는 사이가 되었다. 간식은 주로 닭 가슴살. 입맛에 맞았는지 우리 사이의 거리는 조금씩 가까워졌다.

나를 포함한 골목 몇 사람들의 꾸준한 호의와 보살핌 덕분에 노랭이는 삶을 이어갈 수 있었다. 그렇게 계절을 열 번 지나면서 만났던 아이가 떠났다는 소식을 아저씨에게 듣게 되었다.
언제 떠나도 이상할 것 없을 것 같아서. 만날 때마다 간식을 다른 아이들보다 많이 주었다. 그런데 막상 떠났다는 말을 듣고 있는데 이유 모를 미안함에 가슴이 먹먹했다.

"노랭이는 어떻게 하셨어요?"
"마당에 묻었어. 걔가 추위를 많이 타거든. 그래서 볕 잘 드는 곳에 묻어줬어."

겨울도 잘 지내고 따뜻하고 날이 좋은 봄에 갔지만 미안하고 아쉽다는 아저씨. 노랭이에게 미안하다는 말 하는 아저씨의 눈빛과 아이의 눈빛이 닮아 있었다.

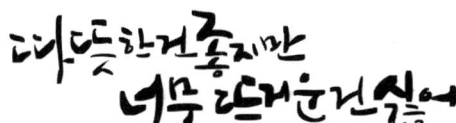

따뜻한 건 좋지만
너무 뜨거운 건 싫어

PART 03

신용이 곤두해야 한다
너무 가진
싫어

따뜻한 건   좋지만
너무 뜨거운 건 싫어

박스 안에서 쉬고 있다. 잠자고 있는 것이 아니라 쉬고 있다고
생각한 이유는 일정한 시간 간격으로 눈을 떴다 감았다를 반복하고
있었기 때문이다. 햇볕 아래에서 누워 있기에는 뜨겁고,
박스 안 그늘로 들어갔지만 생각만큼 시원하지 않고.
'박스니까. 내가 참고 있는 거야'라는 표정이다.

단지 박스를 좋아하니까. 더운데 누워 있는 것은 아닐 것이다.
박스보다는 박스가 놓여 있는 장소 때문에 누워 있는 것 같다.
여기 식당 사장님이 주차장 한쪽에 고양이를 위한 집과 급식소를 마련해
두었다. 길고양이들이 언제나 편히 와서 먹고 언제든지 쉴 수 있는
곳이니까 마음도 편해졌다고 보는 것이 맞지 않을까 싶다.

건물주가 아닌 이상 장사하는 입장에서 길고양이에게 밥을 주는 것은 쉽지 않다. 모두가 길고양이를 좋아하지 않기에 손님이 불편해하거나 건물주가 싫다고 하면 치울 수밖에 없기 때문이다.

사장님은 누군가 불편하다고 하면 바로 치워버리는 쉬운 방법이 아니라 친절하게 설명하고 설득하면서 고양이의 집과 급식소를 끈기 있게 지키고 있다.

덕분에 길고양이는 따끈하지만 느긋한 오후를 식당 앞에서 누릴 수 있는 것은 아닐까 싶다. 낯선 사람에 대한 두려움도 옆에 내려놓은 것 같다. 모두 사장님 덕분이다.

길고양이의 삶을 바꾸는 것은 결국 사람이다.

어려운 상황에서도 길고양이를 돌보고 모든 사장님들이 부디 꼭 반드시 기필코 부자가 되었으면 좋겠다.

길고양이
이야기
모두 붙어서
죽었으면 좋겠다

울지도 마라 먹지도 마라
싸지도 마라 띄지도 마라
마라 마라에 눈치만 본다

● 울지도 마라 먹지도 마라
　 싸지도 마라 띄지도 마라
　 마라 마라에 눈치만 본다

"밥 주지 마세요. 아저씨! 아저씨가 밥 주니까. 쟤들이 어디
가지 않고 말이야. 아주 큰 놈 세 마리가… 저기 지붕 위에서… 얼마나…
앉아 있는 줄 알아요? 밤에 잠을 못 자요 잠을. 양쪽 빌라 사람들이
고양이 때문에 얼마나 괴로운 줄 알아요? 아주 시끄러워 죽겠어.
어디 가지 않고 쓰레기봉투를 찢고 난리야 난리. 저기 빌라에서는
얼마나 고양이가 싫으면 물 뿌려서 쫓아내고 있어요.
밥 주지 말아요. 아저씨가 밥 주니까… 또 똥을 얼마나 싸는지.
냄새나고 힘들어요. 그러니 주지 말아요. 자꾸 주니까.
어디 가지 않고… 아저씨가 밥 주니까…"

밥 주는 것이 이렇게 악질적인 범죄라니. 전혀 몰랐다.

고양이에게 밥을 주면 고양이가 자주 보여서 고양이를 싫어하는 사람들이 불편할 수 있다는 정도는 받아들일 수 있다. 그리고 불편을 줄일 수 있는 방법을 기꺼이 함께 찾아 볼 수 있다.

그런데 내가 밥 줘서 고양이가 쓰레기봉투를 찢는다는 말에 그만 성대에 힘이 빠지며 말문이 막힌다. 쓰레기봉투 뜯어서 먹을 만한 것을 찾는 고양이가 안쓰럽고, 무엇보다 찢어진 쓰레기봉투를 보고 불편하게 생각하는 사람들이 있어서 밥 주기 시작한 것은 짐작도 못하는 것 같다.

어떤 합리적인 설명도 필요 없다는 듯한 목소리. 서서히 소리를 높여가다가 '아저씨가 밥 주니까'라는 말을 하면서 내 손에 들려 있는 봉투를 노려본다. 순간 눈빛이 빛나며 결정적인 증거를 찾아낸 형사처럼 더 다그친다.

아. 내 손에 들려 있는 사료 한 줌이 그렇게 흉악한 범행 도구임을 이제야 알았다니. 난 멀었구나. 참 나.

모두 둥글어서
죽었을 것이다

이상하기로
말하자면 이상이
고도 하기

만남은 어렵고
이별은 쉽다

만남은 어렵고
이별은　　쉽다

만나는 장소는 고양이가 결정한다.

처음 만나면 반갑고 두 번 만나면 더 반갑지만, 세 번 네 번 만나는
횟수가 늘어나면, 어느새 책임감이란 감정이 문 앞에 택배 박스처럼
쌓이기 시작한다. 매일 치워도 매일 쌓이는 감정. 일 때문에 늦으면
미안하고, 늦었는데 기다리고 있으면 더 미안하다.
책임감이 미안함으로 바뀌는 것은 순식간이다.

그러고 보니 만남의 시작도 고양이가 결정한다. 왜 거기서 빤히
쳐다보고 있었는지, 날 보고 왜 말을 걸었는지, 이유는 알 수 없지만,
내가 누군가에게 믿음을 주었다는 것, 마음을 주었다는 그것만으로도
시작의 이유는 충분하다.

삼색이와의 만남과 장소는 삼색이가 정했다. 담 밑으로 있는 구멍에서 고개를 삐죽 내밀면서 야옹. 그것이 시작이었다. 조금 편하게 담장 위로 올라오거나, 내 앞으로 나서주면 밥 주기도 좋을 텐데. 1년 넘게 저 구멍에서 목을 빼고 앉아 기다렸다. 덕분에 다 먹은 밥그릇을 빼내면서 어깨에 담이 걸린 적도 있었다.

그렇게 망부석처럼 구멍을 벗어나지 않던 삼색이가 수술하고 나서 한 달 만에 다시 만났을 때, 내 앞까지 조금 빠른 걸음으로 걸어와서 앉아 한참을 바라본다. 삼색이의 눈빛에서 원망이나 다그침은 없었고, 너무 차분하다 싶을 정도로 바라보기만 했다.

어쩌면 그것이 삼색이만의 반가움을 표현하는 방법이 아니었을까. 그렇게 알고 지낸 지 4년. 만났을 때부터 지금까지 삼색이는 나와 거리를 두고 앉아 있다. 1m. 삼색이가 정한 우리 사이의 거리다. 억지로 거리를 좁히려고 노력하지 않았다. 다가오거나 멀어지는 것은 결국 삼색이의 마음에 달려 있다.

모두 죽어서
죽었으면
좋겠다
— 김하나
편집자
이용이

사람에게 받은 상처는
두려움으로 되고
한번 쌓인 두려움은
허물어지지 않는다

• 사람에게 받은 상처는 두려움으로 되고
한번 쌓인 두려움은 허물어지지 않는다

학대 사건이 벌어지고 커뮤니티에 올라오는 '길고양이를 길들이지 말라'는 제목의 글을 읽다 보면 마음이 덜컥 내려앉는다.
길들여진 아이들은 학대의 표적이 되기 쉬우니까 사람에게 가까이 오지 않도록 조심해 달라는 것이다.

학대의 대상이 된 길고양이 중에서 친화적인 아이도 일부 있겠지만 학대당한 길고양이는 대부분 친화적이지 않다. 학대 사건을 찾아봐도 일부러 친화적인 길고양이를 대상으로 범죄를 저지르는 것 같지 않다.

의도했던 의도하지 않았던 간에 길고양이를 돌보는 사람 입장에서 이런 글을 읽다 보면 돈과 시간을 들여가며 길고양이를 위한다고 했던 일들이 결국 그들을 위험에 빠뜨리지 않을까 걱정이 된다.
걱정은 걱정에서 그치지 않고 미안함과 죄스러움으로 바뀌며 행동이 위축된다.

댓글에서 가까이 오려는 길고양이에게 돌을 던져서 쫓기도 했다는
글을 읽으면 답답함을 넘어서 참담하다. 돌까지 던져가며까지
밥 줘야 하다니.

길고양이 문제는 길고양이의 문제가 아니다. 사람의 문제다.
더 많은 사람들이 길고양이가 살고 있다는 것을 알고,
길고양이를 친근하게 생각해서 가까이 오게 할 수 있는가가 중요하다.

한 아이라도 학대당하지 않게 하려고 하는 마음과 의도는 충분히
이해하지만 길고양이와 우리가 멀어진다고 학대 사건이 줄어들지는
않을 것이다. 학대 범죄는 길고양이를 가리지 않는다. 그러니 학대
사건의 원인을 캣맘에게 묻는 칼끝을 거두고 대신에 학대 범죄에
대해서는 반드시 처벌받을 수 있도록 더욱 노력하고 동물보호법을
강화시키는 쪽으로 행동하는 것이 옳지 않을까!

길고양이를 돌보는 사람들에게 미안함과 죄책감만 주게 된다면 결국
학대를 한 사람들이 원하는 대로 해주는 것일 뿐이다. 우리와의 거리는
길고양이가 결정한다. 우리와 만나는 것이 안전하고 편안하다면
길고양이는 먼저 다가 올 것이고, 위험하고 무섭다면 그들은 결코
우리에게 곁을 내어주지 않을 것이다.

당신을
믿을 수 있을까요?

당신을
믿을수있을까요?

우리와 도 닮은 커다란 고양이 한 마리. 일상에서.

•   　당신을 믿을 수
　　있 을 까 요?

　　　나만 만나면 빤히 쳐다보며 답을 원하던 예니는 결국
주차장을 떠나서 바로 옆 골목으로 영역을 옮겨갔다. 이유는 모르겠다.
내 탓은 아니겠지만 내 탓을 안 하기도 어렵다.
밥을 주는 자리를 주차장 안쪽으로 더 옮겼으면 타미가 사고당하는
모습을 보지 않았을 테니까. 사고를 당하는 모습을 보고 떠났는지는
모르겠지만 그 후에 주차장에서 사라진 것은 맞으니까.
그렇게 주차장을 떠난 지 6년 만에 다시 예니는 예전 빌딩의 주차장으로
돌아왔다.

돌아온 예니와의 만남에 반가움이란 감정은 끼어들 틈이 없다.
나와는 눈도 마주치지 않고 피하고 도망치기 바쁘니까.

긴 시간 동안 만나지 못한 나도 예니에게는 골목에서 만나는
다른 사람과 같은 사람일 뿐이다. 과거 가깝고 다정했던 기억은
나만 가지고 있다.

'당신을 믿을 수 있을까요?'에 대한 맞는 답을 찾지 못했다.
'믿어도 돼' 한 마디에 담겨 있는 무게감과 책임감을 알고 있으니까.

지나치게 감정적으로 대응하려고 하는 사람들을 상대로 최선을 다해서
밥자리를 지켜내야 하고, 아주 오래된 오해와 편견들이 사람들 사이로
퍼져나가는 것도 막아야 하니까. 쉬운 일이 아니다. 혼자는 어림 없는 일.
그렇기에 대답하기가 어렵고 대답할 엄두를 내지 못하고 있다.

기껏 하는 말이 '최선을 다 할께'. 결과를 장담할 수 없는 일.
정해진 기한이 없는 일이라서 그저 할 수 있는 일을 찾아서 할 뿐이다.

그나저나 난 언제쯤 편하게 대답할 수 있을까? 우리는 또 언제.

모두 늙어서
죽었으면
좋겠다

이야기
파하리
코항이

동네에 아는 고양이가 있는 삶은 얼마나 멋진 삶인가

동네에 아는 고양이가 있는 삶은
얼마나 멋진 삶인가

• 동네에 아는 고양이가 있는 삶은
　얼마나　　　멋진　　　삶인가

급식소에 밥 배달을 다니지 않아도 산책을 떠난다.

사진기와 간식 몇 개를 가방에 넣고 몸을 가볍게 하고 길을 나선다.
고양이를 만나러 가는 산책. 정해진 길은 없다. 마음 내키는 대로 가까운
골목부터 먼 골목까지. 걸으면서 끊임없이 살피면서 걷는다.
산만한 내 성격과 딱 어울리는 일이다.

막다른 골목을 기웃거려 보고, 낮은 담장 위를 까치발로 올려서
찾아보고, 작은 공터나 화단을 슬쩍 슬쩍 확인하며 걷는다.
산책 시간이 대부분 낮이라서 냥이들은 여름에는 시원한 그늘을,
겨울에는 해를 따라서 조금 높은 장소에서 자고 있을 시간이다.

고양이는 배부르면 자게 마련이다.
배고픔이 없는 골목에 사는 고양이들은 자느라고 몹시 바쁘다.
만남을 목적으로 하는 산책이지만 만남이 없다고 실망하지 않는다.
없으면 없는 대로 좋고, 만나면 만나는 대로 반갑다.

동네마다 아는 고양이가 있다는 것은 얼마나 멋진 삶인가!
물론 나를 기다린 것은 아닐 것이다. 마침 그루밍을 하고 있었고,
내가 인사를 하니까 멈추고 같이 눈인사를 해 주는 고양이 친구.
다리 인사는 덤이고.

사진 한 장 찍고 간식을 내밀기도 하고, 아니면 그냥 바라보며 소리
없는 안부를 묻는 것이 전부인 관계. 우리는 서로 크게 바라는 것이
없다. 그저 무사히 잘 살아줘서 고마울 뿐이다.
코점아, 아는 척해 줘서 고마워.

친구가 있는 골목이 그리워서 오늘도 산책을 떠난다.

STRAY CAT
PHOTO STORY

모두가 잠든 밤
산책하러
고양이

Part 04

길고양이와의
행복한 공존을
꿈꾼다

모두 늙어서
죽었으면
좋겠다

고양이
역시
길고양이

후미져 우리가 가지 않을 장소
있는지 모르게 흰색 누울 자리
저 아이가 그것을 다 찾았을까
본능적으로 안전한 곳 알았겠지

----------◆----------

후미져 우리가 가지 않을 장소
있는지 모르게 흰색 누울 자리
저 아이가 그것을 다 찾았을까
본능적으로 안전한 곳 알았겠지

· 후미져 우리가 가지 않을 장소
　있는지 모르게 흰색 누울 자리
　저 아이가 그것을 다 찾았을까
　본능적으로 안전한 곳 알았겠지

"사진만 찍고 구조는 안 하시나요!"

사진 속에 있는 아이들이 위태로운 삶의 끝에 서 있는 것으로 보이니까 안타까운 마음으로 남기는 말이라는 것을 알고 있다. 그래서 그때마다 최대한 자세하게 답변을 남겼다. 아이의 상태는 이러저러하고 이후에 어떻게 되었으며 지금 상태는 어떻다는 것과 내가 왜 이 사진을 올려놨는지까지 가능한 자세히 설명했다.

한 번 두 번 그리고 열 번 스무 번. 그렇게 하면서 20년이 지났다. 짧지 않은 시간 동안 내가 가진 길고양이 대한 마음을 보여주고 진정성을 확인받아야 했다.

그리고 확인받는 일은 지금도 진행형이다. 귀찮지도 서운하지도 않다.
내가 선택한 길이니까. 앞으로도 가능한 설명할 수 있을 만큼
할 것이다.

그래도 한 번은 내가 사진을 왜 찍는지 설명해 드리고 싶었다. 손에서
카메라를 놓고 대신 통 덫을 들고 구조에 전념할 수 있다. 그럼 몇몇
아니 수십의 아이들의 생명과 삶을 구할 수도 있을 것이다.

그럼 내가 돌보는 아이들의 삶이 나아질지는 모르겠지만, 길고양이
전체의 삶이 나아지지는 않는다고 생각했다. 그래서 구조를 대신해서
내가 선택한 방법은 사진으로 길고양이 삶을 모르거나 관심이 없는
이들에게 길고양이의 삶을 알리는 일이다.

그들의 삶이 어떻다는 것을 알려서 보다 많은 사람들이 길고양이가
우리가 함께 살아가는 이웃임을 인정하고, 한발 더 나아가 사람들
마음에 길고양이에 대한 측은지심까지 불러일으킬 수 있다면 분명
그들의 삶은 나아질 거라고 믿고 있다.

이런 일을 하는 사람이 한 명쯤은 있어야 하지 않을까!

모두 놓여서
죽었으면
좋겠다

이야기
하나
그리고

힘없이 꺾인 다리
주눅 들어버린 눈
거칠게 까진 콧등
미안하다 말밖에는

힘없이 꺾인　다리
주눅 들어버린　눈
거칠게 까진　콧등
미안하다 말밖에는

세운상가 작은 골목에서 가만히 누워 있었던 고양이. 죽었나
싶어 가까이 다가가는 순간, 본능적으로 머리만 들어 나를 피하려고
했다. 가만히 살펴보니 몸은 어디가 불편한지 바닥에 축 늘어져서
바닥에 고인 물에 코를 박고 있었다. 그래도 눈에는 아직 생기가
있었다. 살릴 수 있을 것 같았다.

여기 저기 미안한 전화를 돌려서 일요일 새벽에 진료하는 동물 병원을
알아보고 고양이를 데리고 차를 몰았다. 종이 박스에 들어간 그
고양이는 옮길 때만 몸부림을 쳤을 뿐, 더 이상 아무런 반항을 하지
않았다.

병원에 도착해서 진료가 시작되었지만 피검사를 위한 채혈은 쉽지 않았다. 탈수가 심해 피의 점성이 높았다. 링거를 맞고 다시 몇 번이나 시도한 끝에 채혈을 마칠 수 있었고, 이런 저런 걱정을 하는 사이에 검사 결과가 나왔다.

심한 탈수와 배고픔으로 신장 기능이 마비되었지만 다행히 간 기능은 괜찮다고 했다. 그런데 한 번 악화된 신장은 회복이 불가능하며 만약 치료를 시작한다면 꽤 만만치 않은 비용이 들어간다는 설명을 들었다. 덧붙여 신장 이식 수술을 받거나 신장 투석을 해야 한다는 수의사 말에 선뜻 답을 하지 못했다.

주저하는 날 보며 수의사는 조심스럽게 안락사에 대한 이야기를 꺼냈다. 고민했지만 결국 나는 안락사를 선택하고 말았다. 비용적인 부담이 너무 크게 다가왔다. 병원 문을 나서기 전에 고양이가 누워 있는 곳으로 가서 한참을 서 있었다. 고양이는 누워서 한 곳을 응시하고만 있었다. 미안하다 말하고 싶었지만 말할 수 없었다. 너무 미안해서. 그저 수의사에게 잘 부탁드린다는 말만 했다.

다음날 나는 병원에 전화를 걸지 못했다. 어떤 말을 해야 할지 몰랐고
할 말도 없었다. 그날부터 그 고양이는 내 마음 한 구석으로 걸어
들어와 자리를 잡았다. 계절이 두 번 바뀌고 2010년의 마지막 날까지.
나는 여전히 작별을 말할 수 없다. 어쩌면 우리는 아주 오랫동안 함께
할 것 같다.

벌써 14년. 세월은 정신없이 달려가지만 기억은 2010년에 멈춰 있다.
세운상가 고양이의 눈빛이 지금도 아른거린다. 수술을 받으면 살릴 수
있었을까. 나 아닌 다른 사람이 발견했다면 어땠을까 하는 자책을
한 적도 있고, 뒤이어 밀려오는 미안함과 죄책감에 며칠 동안 힘들었던
적도 있었다. 강연 중에 세운 상가 고양이에 대한 이야기를 하다가
멈추지 않는 눈물 때문에 강연을 중단했던 적도 몇 번 있었다.

그 눈빛은 여전히 화살처럼 가슴에 박혀 있다. 익숙해지지 않는다.
여전히 보는 것은 힘들다. 아니 괴롭다. 그럼에도 다시 사진을 본다.
그리고 보여준다. 보여주는 것을 멈출 수 없다. 지금도 저런 눈빛으로
길에서 살아내고 있는 아이들이 있기 때문이다.

마지막 인사를 할 때, 아이가 알아들을 수는 없겠지만 내가 사진기를 들 힘이 없을 때까지, 내가 누군가의 앞에서 더 이상 말할 수 없을 때까지, 어쩌면 눈 감는 그날까지 너에 대해 알리며 이야기할 것이라고, 그래서 너의 후손들과 이 땅의 모든 고양이들의 지금보다 조금이라도 나은 삶을 살 수 있게 노력하겠다고 약속했다.

나는 그 약속을 지키는 중이다.

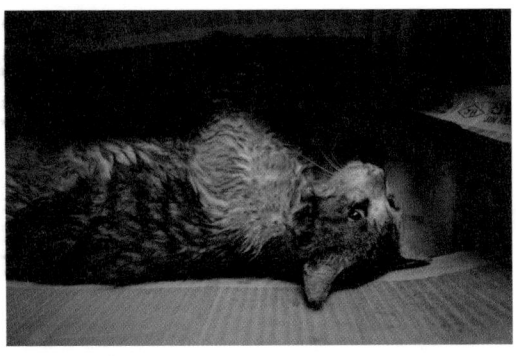

🔹 마지막 인사를 하면서 노력하겠다는 약속을 했다. 약속을 지키려고 노력 중이다

모두 놓아 준 편 죽었겠다
이야기
형사
길 고양이

너는 나무가 아니다
나도 나무가 아니다
흔들리며 사는 거다

● 너는 나무가 아니다
　나도 나무가 아니다
　흔들리며 사는 거다

　　　나는 나무가 아니다. 어떤 바람에도 흔들리지 않고 웬만한 산사태에서 꿋꿋하게 견디는 나무가 아니다. 작은 바람 앞에서 먼저 쓰러지고 눈에 잘 보이지 않는 작은 돌멩이에 맞아도 흔들리는 갈대 정도 밖에 되지 않는다.

많은 아이들이 알 수 없는 이유와 너무 명확한 이유로 별이 되어 이 땅을 떠난다. 직접 몸으로 겪으며 보내주고 귀로 들으며 보내주면서도 아무렇지 않다고 괜찮다고 나를 다독이며 남은 아이들만 생각하자고 다잡아도 마음속에 쌓여가는 감정이 나를 끊임없이 흔들고 있다.

길동이가 10년만에 무지개 다리를 건넜다.

길고양이가 10년이면 충분히 살았다고 할 수 있겠지만 오랜 세월
친구처럼 만났던 길동이를 떠나보낸 마음은 참담하다. 길동이 뿐만
아니라 수많은 고양이와 이별한 내 마음은 슬픔의 사슬로 엉켜있다.

그래서 이 길이 맞나 싶기도 하고 내가 뭘 할 수 있을까 싶기도 하고
아니면 턱없이 부족한 깜냥을 땀과 발품으로 어찌해보려고 아등바등하고
있는 것은 아닌가 스스로 되묻게 된다. 그렇게 흔들린다.
흔들리고 또 흔들린다. 그러다 정신차려 보면 다시 길 위에 서 있다.

그래. 나는 갈대.
바람에 맞서지 못하고 쓰러지고 작은 돌멩이에도 쉽게 꺾이는 갈대.
하지만 바람이 지나가면 다시 일어서고 언제 꺾였냐고 몸을 일으켜
세우며 흔들거리는 갈대. 길에 갇혀 사는 길아이들을 위해 혼신의 힘을
다해 흔들리며 버티는 갈대.

길동이도 흔들리는 길 위의 삶 속에서 포기하지 않고 살아냈다.
나도 포기하지 않을 것이다. 길에서 고양이가 살고 있는 한.

모두 눅여서
죽었던 편
고양이

지켜지지 않는
약속 위에 삶은
오늘도 애처롭구나

• 지켜지지 않는 약속 위에 삶은
　오늘도　　　　　애처롭구나

중성화 수술을 하고 동네에서 주민처럼 살고 있는 아이.
미용실 앞에는 밥이 있고 편의점 앞에 박스 집이 있고 안쪽 골목 마당 있는 집 옥상에서 오후를 보낸다. 볕이 좋을 때는 해를 바라보며 누워서 해바라기처럼 사는 아이.

골목의 모든 사람들이 좋아하지는 않는다. 싫어라 내색하는 가게 앞에는 가지 않고 자신을 무서워하거나 꺼리는 듯한 사람에게는 모습도 잘 드러내지 않는다. 참 조심스럽게 살고 있다.

그렇게 1년 그리고 다시 1년이 흘렀다. 살아 있음에 감사하지만 아이의 눈빛은 점점 힘들다고 말하고 있다. 그 힘듦의 이유는 사람이지만 결국 구해 준 것도 사람이었다. 아이는 구조되어 집고양이가 되었다.

여전히 중성화가 무엇인지 모르는 사람이 있으며, 아이의 귀가 잘린 것이 아이 탓이라고 생각하는 사람이 있고, 관심이 아예 없는 사람도 꽤 된다. 아니면 중성화는 뭔 중성화냐 그냥 다 없어졌으면 속 시원하겠다는 사람도 있다.

급식소 설치하고 집을 지어주는 돌봄도 필요하지만 중성화에 대해 끊임없이 알리는 일도 중요한 돌봄의 범주에 들어간다. 중성화가 어떤 수술인지, 왜 했는지, 수술 후에 길고양이는 어떤 상태가 되는지, 그런 그들을 위해 우리가 무엇을 해줘야 하는지를 알려야 한다.
제대로 알리지 못하면 중성화된 고양이의 생존 확률은 낮아진다.

밥 먹을 수 있는 권리를 지켜주지 못하는 중성화 사업은 길고양이의 삶을 벼랑 끝으로 몰고 가는 것이다. 수술 후에도 길고양이를 살리고 싶다면 길고양이 급식소 사업을 병행해야 하고, 길고양이가 밥을 먹을 권리에 대해서 끊임없이 사람들에게 알려야 한다.

● —— **중성화 수술**은 불임 수술이라는 뜻이다. 길고양이를 포획해서 중성화 수술을 한 후에 다시 살던 곳으로 돌려보내는 것을 TNR이라고 한다. TNR은 'Trap-Neuter-Retur'의 준말이다. 길고양이 개체 수 조절과 주민 불편을 해소하기 위한 목적으로 국가사업으로 전국적으로 시행 중이다.

모두 죽어』면
죽었으면
좋겠다

살기 위해 귀를 달라 하기에 주고
아이들이 눈을 달라 하기에 줬다
더 무엇을 줘야 나 살 수 있나

살기 위해 귀를 달라 하기에 주고
　　아이들이 눈을 달라 하기에 줬다
　　더 무엇을 줘야　나　살 수 있나

　　　중성화 수술을 하고 난 후 학교를 영역 삼아 살고 있던 순둥이 카오스를 끝까지 따라가서 비비탄을 쏘고 웃고 떠들며 돌아서서 가는 학생들을 목격했던 날. 오토바이로 쫓아가 그렇게 하면 안 된다고 소리 쳤지만, 학생들은 대수롭지 않은 표정으로 '네' 하고 웃으면서 버스 정류장 방향으로 뛰어 가버렸다.

1차적인 책임은 총을 쏜 학생에게 있다. 하지만 전적으로 학생에게 책임을 돌릴 수 있을까?

비싸지 않아서 누구나 살 수 있는 장난감 총을 판 사람부터 사람은 물론이고 어떤 생명을 향해서도 총을 쏘면 안 된다고 알려주지 않은 어른들의 책임이 더 크지 않을까?

단순히 뜻풀이에 치우친 생명 존중과 공존을 말하는 것을 벗어나서
구체적인 상황에 맞는 교육을 학교에서 해야 한다.
더불어 부모님들의 생명에 대한 태도와 행동이 중요하다.
부모가 생명을 귀하게 여기고 지켜야 할 대상으로 아이들에게 알려주며
행동한다면 아이들도 자연스럽게 부모들을 따라 행동할 것이다.

그 날 이후로 카오스는 왼쪽 눈동자가 하얗게 변했고 사람이 주는 밥을
먹지 않았다. 학교 화단에 있는 은신처에서 하루를 보내고 새벽에 몰래
학교를 빠져나와 쓰레기를 뒤져서 물고 가져다가 끼니를 채웠다.
두려움이 가득한 눈빛은 끝까지 변하지 않았고, 학교 안에서만 있다가
어느 날 사라졌다.

그들에게 상처를 주면 주는 만큼 상처를 받는다. 감정이 있으니까.
길고양이는 아주 낮은 곳에서 우리의 행동을 확인할 수 있는 거울이다.
우리가 한 행동은 그들의 눈빛에 담기고, 우리에게 반드시 돌아올 것이다.

한참을 바라보던 너는
돌아서며 무슨 생각을 했을까

한참을 바라보던 너는
돌아서며 무슨 생각을 했을까

• 　　　한참을 바라보던　　　　너는
　　　　돌아서며 무슨 생각을 했을까

　　　가해자는 사라지고 붉은 피를 꽃처럼 뿌리며 누워 있는
아이의 숨은 멈춰 있다. 아이가 누워 있는 벽 끝에서 한 아이가 꼬리를
바닥에 붙여 놓고 누워 있는 아이를 하염없이 바라보고 있다.

아는 아이였을 텐데. 무슨 생각을 했을까. 작별 인사를 하고 있었을까.
아니면 자신의 미래를 보고 있다는 절망감에 얼어붙었을까.

잔뜩 움츠려든 어깨 밑을 타고 꼬여 있고 생기 없는 털. 보고 있어도
보고 있지 않은 것 같은 눈빛은 공허해 보였다. 아이는 날 발견하고
천천히 느린 걸음으로 돌아서서 주차장 벽에 기대어 걸어갔다. 땅에
떨어진 아이스크림이 녹아내리듯이 느리게 차 밑으로 사라졌다.

누워 있는 아이 위에 덮혀진 하얀 수건 한 장. 가해자가 보인 마지막 배려였을까. 제발 그러했기라도 바랄 뿐이다. 아무 준비 없이 만난 아이를 내 손으로 수습하지 못하고 한참을 바라보다 120번에게 전화를 걸었다. 17분 만에 도착한 안내 문자가 아이가 떠났음을 알려줬다.

아이는 예정 없이 떠났지만 벽에 몹시도 붉은 꽃은 아주 오래 피어 있을 것 같다.

● —— **길고양이가 숫자가 기하급수적으로 늘어난다고?**
길고양이 때문에 회복 불가능한 어마어마한 피해를 입는다고?

서울시 발표에 따르면 2021년 동물 사체 처리 건수는 총 10,410건. 그중에서 고양이는 7,192건. 22년에는 총 9,590건 중에 6,412건. 23년은 총 8,230건 중에서 4,940건이다.
서울시에서만 그렇다. 로드킬이 줄어드는 것 같다고? 글쎄. 서울시에서 2년마다 발표하는 <서울시 길고양이 서식환경 모니터링>에 따르면 서울시에 살고 있는 길고양이의 숫자는 급격하게 줄어들고 있다. 2013년에 25만 마리였던 길고양이 수는 2023년에 10만 마리로 줄었다.
줄어드는 길고양이 수에 비례해서 죽어가는 길고양이가 줄어드는 것처럼 보이지는 않는다. 서울시가 집계한 것은 공식적으로 수습한 죽음이고, 서울시가 수습하지 못한 길고양이의 수까지 합산한다면 길고양이는 서울의 길에서 가장 많이 죽어가고 있다.
그렇다면 서울만 이럴까? 부산, 대구, 광주, 인천, 대전에서 로드킬로 죽어가는 길고양이 숫자는? 여기에 지방의 여러 도시에서 죽어가는 길고양이 숫자까지 더해진다면? 짐작하기 어렵지 않다.
길고양이는 전쟁 중이다. 같은 동족이 죽어가는 모습을 매일 지켜봐야 하니까.
오늘도 서울에서는 공식적으로 13마리가 죽을 것이다. (2023년 기준)

사람에게는
동물을 다스릴 권한이
있는 것이 아니라
모든 생명체를
지킬 의무가 있는 것이다

· 사람에게는　　　동물을　　　다스릴
　권한이　　　　　있는 것이 아니라
　모든 생명체를 지킬 의무가 있는 것이다

　　　　누구도 어떤 이유라도 사람이 사람에게 무시당해서는 안 된다.
길고양이 밥 준다고, 그 고양이가 똥 싼다고, 그 고양이가 운다고,
밥 주는 사람에게 소리치고 다그치면 안 된다.
밥 주지 않아도 똥은 싸고, 밥을 먹지 않아도 울 수 있다.
고양이가 그러는 것은 밥 주는 사람 탓이 아니다.

밥을 주면 고양이가 쓰레기를 덜 뒤지고 배를 채우고 자는 시간이 더
늘어나서 당신 눈에 보이지 않을 것이다. 길고양이를 자발적으로 돌보는
사람들 덕분이다.

자기 돈 들여서 없는 시간 쪼개서 눈 맞으며 한파를 견디고, 폭염과
열대야에 비 맞는 것 상관없이 다니며, 겨울이나 여름이나 옷이
다 젖도록 땀을 흘리며 골목 끝, 자동차 밑, 좁은 건물 뒤에서 기다리는
길냥이들에게 한 줌 사료와 한 모금의 물을 배달하는 것은 절대 무시당할
일은 아니다.

밥만 주는 사람은 별로 없다. 대부분은 주변 더러워질까 쓸고 닦고
똥 치우고 중성화에 구조에 임보에 입양까지, 또 어떻게든 길고양이
급식소를 만들어 더 깨끗한 동네를 만들려고 애를 쓰고 있다.

길에 사는 고양이를 싫어하고 미워할 수는 있지만 부디 생각에서
멈춰줬으면 좋겠다. 그것이 힘들다면 그냥 모른척해달라. 귀 닫고 고개
돌리면 된다. 그게 지구라는 별에서 다른 생명체와 함께 살아가고 있는
인간으로서의 최소한의 도리라고 생각한다.

하나 뿐인 지구에서 자신이 느낀 불만과 불편 '만' 을 해결해 달라는
행동은 우리 모두를 위험에 빠뜨릴 수 있다. 함께 살자. 쫌.

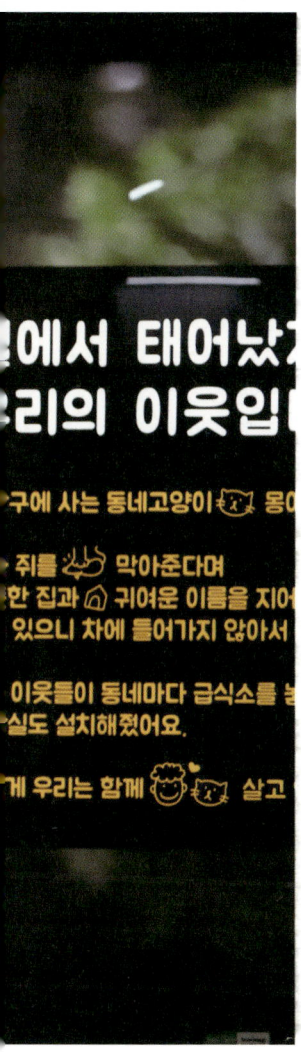

거 참
이쁘게 생겼네

PART 04

거 참
이쁘게 생겼네

분명 더디다. 절박한 사람들의 간절한 마음에 비하면 한참 더디다. 속 터질 만큼. 눈물 날 만큼. 더딘 마음을 어떻게 하면 속도를 올릴 수 있을까. 혼자 아니면 함께 머리를 맞대고 방법을 짜내서 이렇게 끌어보고 저렇게도 밀어보지만 더딘 속도는 좀처럼 빨라지지 않는다. 오르막길 위로 밀고 올라가야 하는 마차처럼.

그렇지만 절박한 우리가 포기하지 않고 멈추지 않는다면 마차는 계속 앞으로 움직일 것이다. 우리는 간절한 만큼 노력해야 한다. 마차를 함께 밀어주고 끌어줄 수 있는 사람들을 한 명씩이라도
설득해서 우리 옆으로 데리고 오는 것을 멈추지 않아야 한다.
그래야 길고양이가 살고 우리가 살 수 있다.

마차는 오늘도 끝이 보이지 않는 오르막길 위로 올라가야만 한다.
가장 중요한 것을 잊지 말자.
더디고 성에 차지는 않지만 분명 앞으로 가고 있다는 사실.
분명 한 뼘씩 나아지고 있다.

지하철 광고판에 길고양이 인식 개선 광고를 설치하기 위해서 수개월 동안 회의를 거치고, 회의에 참가한 사람보다 훨씬 많은 사람들이 광고비를 보탰다. 광고가 설치되고 지하철 타기 위해 기다리는 할머니가 광고판 속 고양이를 보고 하는 말.

"거 참 이쁘게 생겼네"

할머니는 고양이를 이렇게 본 적이 한 번도 없다며, 이렇게 이쁘게 생긴 고양이는 어디 살고 있냐고 묻는다. 궁금한 점이 있다는 것은 관심이 생겼다는 것이다. 이 정도면 충분하다. 더뎌도 멈추지 않으면 된다.

함부로 할 권리만큼
보호해야 할 의무가
우리에게 있다

PART 04

그곳에 있기를
행복한
군 공원

- 함부로 할 권리만큼
  보호해야 할 의무가
  우리에게   있다

'그렇게 좋으면 집으로 데려가서 키우세요'

저렇게 말하라고 알려주는 학원이 있지 않고서야 어떻게 저런 말을 한결같이 똑같은 톤으로 할 수 있을까? 지역도 나이도 성별에 상관없이 똑같은 말을 한다. SNS 댓글에서도 그렇고. 누군가의 삶이 안타깝고 안쓰러워 돌봐주고 싶고 도와주면 집으로 데리고 가야 한다니.

그럼 나는 북극곰도 집으로 데리고 와야 하고, 코끼리도 데리고 와야 하며, 구호단체를 통해 후원했던 아프리카에 있는 살고 있는 아이도 데리고 와야 한다.

당연히 노숙자를 도와줄 거면 길에 그냥 있게 해서는 안 된다. 기적의 논리 아닌가! 돌보고 싶은 생명이 있다면 집으로 데려가라니.

하나 더 있다. '사람이 동물보다 우선되야지요. 안 그래요?'
비슷한 말로 '그깟 고양이 한마리가 뭐라고' 등이 있다. 누가 뭐랍니까.

사람이 우선인 것 맞다. 나도 동의한다. 우리가 주도적으로 지구를 이용하고 살고 있지 않은가! 그렇게 주도적으로 지구를 이용하며 만물의 영장이라는 사람이라면 당연히 약자인 길고양이를 보살피고 돌봐줄 의무도 있는 것이다. 권리만 생각하고 의무는 내팽개치는 것이 과연 옳은 것일까!

마지막으로 한 마디 더. 길고양이를 집에 데려가서 길고양이 문제가 해결될 것 같았으면 이미 해결이 되었을 것이다.
길고양이 돌보는 사람들이 이런 저런 이유로 구조해서 함께 살고 있는 고양이의 수가 어마어마하게 많기 때문이다.

모두 북어서면
좋았겠다

아이야
짜샤야
고양아

몸 아픈 건 시간이 지나면 낫겠지만
버려진 건 끝없는 고통의 시작이다

몸 아픈 건 시간이 지나면 낫겠지만
버려진 건 끝없는 고통의 시작이다

모시고 살지는 않았겠지만. 그래도 같은 공간에서 살 비비고 (어쩌면 가족처럼) 살았던 고양이를 때려서 다리를 부러뜨리고 이사 가면서 버리고 간 사람을 이해할 수 있을까. 길에 살고 있는 고양이가 싫다고 눈 한쪽에 쇠구슬을 박아 넣은 사람을 이해할 수 있을까.

그래도 얼마나 고양이 때문에 스트레스를 받았으면 그렇게 했을까 동조하는 사람들이 있다. 과연 그 사람들은 층간 소음 때문에 다툼 끝에 사람을 죽인 사람에게도 공감을 해줄 수 있을까.

블로그 정리를 하다가 발견한 십수 년 전 글. 끊임없이 벌어지는 고양이 학대 사건에 대한 푸념 끝에 언제까지 이 지옥 같은 상황을 보고 살아야 하나라고 썼던 마지막 문장에 다시 가슴이 먹먹하고 답답해진다.

현실은 여전히 여전하다.
밥그릇 옆에서 벽돌로 머리가 짓이겨 죽은 아기 고양이와 철사 줄로
목을 졸라 죽이고 태워서 길가에 매달아 놓았던 노랑이는 여전히
학대로 죽어서 고양이 별에 도착하는 친구들을 맞이하고 있겠지.
힘들었냐고 위로의 말을 먼저 할까.
아니면 그냥 가만히 안아 주고 있을까.

내가 할 일은 끝까지 잊지 않고 기억하고 한 발 더 내딛고 한 번 더
소리 내서 알리면서 지킬 수 있는 방법을 지치지 않고 끊임없이
찾는 것이다.
열 사람의 한 걸음에 부족하면 백 명 아니 천 명, 만 명이 같은 뜻으로
한 걸음을 내디딜 수 있도록 노력할 것이다.

어떻게든 방법을 찾을 것이다. 그래야 내가 살겠다.

새는 관심없고
사람이
두려울 뿐입니다

길고양이의
행복한 꿈을
꿈꾼다

• 새는   관심이   없고
사람이 두려울 뿐입니다

길고양이가 새를 잡을 수 있다. 그러나 모든 길고양이가 새를 잡지는 않는다. 아니 잡을 수 없다. 잡을 수 있는 상황이 되지 않는다. 새를 잡고 싶은 본능은 사람에 대한 두려움으로 막혀 버린다. 길고양이가 사람 보고 도망가는 나라에서 살고 있는 길고양이의 삶이 그런 것이다.

든든이는 천막 지붕에서 살고 있다. 천막 아래 가게 주인에게 허락 맡고 지붕 위에 밥을 놓아둔다. 하루에 한 번 만나기를 3년째 하고 있다. 그럼에도 날 보면 귀를 접고 자세를 낮춘다. 경계하거나 무섭다는 뜻이다. 주위에 사료 부스러기 주워 먹으려고 있는 비둘기는 신경도 쓰지 않는다.

여전히 도심 속 길고양이가 사냥을 마음대로 하고 있다고 주장하는 일부 사람들은 있다. 그들은 길고양이가 도심 속에서 새를 사냥하며 생태계를 파괴하고 있으니 먹이를 주면 안 된다고 한다.

그 중 일부의 사람들은 길고양이를 '털바퀴'라고 부르며 벌레 취급을 하기도 한다. 길고양이가 사람에게 피해를 주니까 그렇게 부른다고 한다. 심지어는 고양이를 돌보는 사람까지 곤충으로 부르기도 한다.

그래. 좋다. 싫어하고 미워하는 마음까지 내가 어쩌겠는가! 그렇지만 싫어하고 미워하는 마음을 행동으로 옮기는 것은 범죄가 된다.
지금까지 벌어진 동물 학대 사건에서 사건에 따라서 처벌의 경중은 있을지 몰라도 모두 처벌받았고, 받고 있고, 앞으로도 받을 것이라는 현실을 꼭 알았으면 좋겠다.

모두 돌아서 떠난 후에도 고양이는 남아 있었다

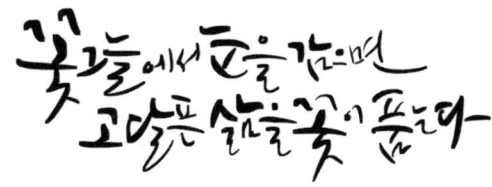

꽃그늘에서 눈을 감으면
고달픈 삶을 꽃이 품는다

● 꽃그늘에서 눈을 감으면
  고달픈 삶을 꽃이 품는다

꽃 속에 서서 자고 있는 고양이 사진을 사용하고 싶다는
연락이 왔다.

'이 길고양이 사진 찍은 분인가요? 사진이 너무 좋아서요. 좋은 일에
사용하려고 하는데 사용할 수 있을까요? 아. 이게 사용료가 있군요.
몰랐습니다. 저희가 예산이 없어서 그런데 어떻게 안될까요?
네 알겠습니다. 상의해보고 연락드리겠습니다. (얼마 후)
OOO 작가님이 사진을 제공해주시기로 했습니다. 다음 기회에
연락드리겠습니다.'

기부는 자발적으로 하는 것이지, 기부 당해서는 안 된다. 그런데
공공기관이나 지자체에서 길고양이 사진쯤은 그냥 무료로 제공받아
사용할 수 있지 않을까 생각하는 것 같다.
그런 연락을 받으면 힘이 쭉 빠진다.

난 길고양이 사진을 찍어 책을 내고 전시하고 작품 팔아 생활비를
벌어야 하는 전업 찍사다. 지난 6개월 책 인세는 고양이 사료 20킬로
4포대 사고 나니 사라졌다. 전시를 아무리 많이 해도 전시장에 걸리는
작품이 팔리지 않는다.

작가라는 소리가 듣기 싫을 때도 있었다.
고고하게 작가는 무슨 작가.
난 그냥 길고양이 찍사.
무슨 소리를 듣더라도 어떤 방법을 써서라도 길고양이 곁에 끝까지
남아서 그들의 삶을 알리는 일은 계속할 것이다.
그러니 힘 빠지게 하는 연락은 제발 하지 마라.

너희는 월급 받고 일하고 나한테는 그냥 달라고?
나도 좀 먹고 살자.

머뭇거리다
결국 말하지
못했어

나를 구하지 마세요
모두를 구해 주세요

- 나를 구하지 마세요
  모두를 구해 주세요

연탄이가 아파트 화단에 똥을 싼다고, 비싼 차에 올라간다고 죽이려고 한다. 약을 놓고, 덫을 놓아도 안 되니까 사람을 불러서 잡아가게 한단다.

법상 그렇게 하면 안 된다는 경고를 했지만 관리소장에게서 어쩔 수 없다는 답변이 돌아온다. 입주민이 시키니까 해야 한다고.
그래 맞다. 관리소장도 결국 '을'이니까 까라면 까야겠지.

버려졌지만 아파트 옆 골목에서 10년 넘게 살던 연탄이를 살리기 위해 구조를 해야 했다. 많은 사람들이 거들고 나섰다. 임보할 자리를 마련하고 대형 철재 케이지를 구하고 팀을 짜서 밤늦게까지 통 덫을 놓았다. 연탄이는 모두가 떠나고 조용한 새벽 5시쯤 스스로 통 덫에 들어갔다. 크게 몸부림치지도 않았다.

새로 살게 된 곳에는 다른 고양이들이 있었다. 친해질 때까지 연탄이는
케이지에 있기로 했다.
시간은 걸렸지만 케이지 밖으로 나와서 다른 고양이들과 조금씩
어울리며 적응했다.

죽으라고 버렸던 집사와 죽이려고 약을 놓고, 덫을 놓았던 아파트
사람들이 있었지만 연탄이는 죽지 않고 살아남았다. 남다른 조심성과
경계심도 한몫했지만 사람들의 도움이 있었기 때문이다.

길고양이는 다 없애야 한다고 공공연히 말하는 옆집 원룸 건물 주인이
뭐라 하든 연탄이의 밥자리를 지켜주신 어르신과 따님 그리고 같은
빌라에 살고 있는 남자 분. 그리고 단톡방에 올라온 연탄이의 사연을
듣고 너 나 할 것 없이 달려와 준 고마운 사람들.

연탄이는 떠났지만 그곳에는 다른 길고양이들이 자리를 잡았다.

그리고 몹시 궁금한 것이 있다.
'반려동물을 키울 수 없다'라는 항목을 입주민이 지켜야 할 내용이라며
아파트 입구 쪽에 안내문으로 세워 놓아도 입주민 누구 하나도 문제
제기하지 않는 것을 보면 입주민 모두가 동의하는 것일까?
어떻게 그런 사람들이 모인 아파트가 있을 수 있을까?

그러고 보니 십수 년 전에 먼로와 우뚱이, 랑이, 랑자, 점순이를
잡으려고 쥐덫 10여 개를 설치했던 바로 그 아파트였다.
덫을 보고 따지러 갔더니 내가 너무 밥을 많이 줘서 애들이
쥐를 안 잡으니 직접 잡기 위해서 놓았다고 하더라.
그럼 쥐 있는 곳에 놓아야지 애들 있는 곳에 덫을 놓았냐고 했더니,
쥐를 못 잡으니 고양이도 잡아버려야 한다는 말에 말문이 막혔고,
소리만 치다가 쫓겨 나왔다.
구청에 신고해서 덫은 치워지긴 했지만 말이 통하지 않는 사람들을
보며 무기력했던 기억이 난다.

그때는 동물보호법에 학대 처벌 조항도 없었지만 내가 아는 것도
거의 없었다. 누군가를 지키기 위해 기를 쓰고 공부를 시작했던 때였다.
알아야 지킬 수 있으니까.

쥐를 잡겠다고 덫을 저렇게 놓을 수는 없다.

모두 놓여서
죽었겠다

이야기
꽉 고양이

원해서 태어난 것도 아닌데 날 싫어하는 사람이 너무 많다
이유를 모르겠다 혹시 쥐를 너무 열심히 잡아서 그런 걸까
이런저런 생각으로 고개를 들 수도 없고 배도 고프지 않다

• 원해서　　　　태어난 것도　　　아닌데
날 싫어하는 사람이 너무 많다 이유를 모르겠다
혹시 쥐를 너무 열심히 잡아서　　　그런 걸까

말벌에 쏘여 죽었다는 사람은 있지만 길고양이 때문에 죽었다는 사람은 한 명도 없다. 그저 길고양이에게 쥐만 죽어 나가고 있을 뿐이다. 20년 가까이 악착같이 길고양이와 매일 만나는 나는 멀쩡하다. 전국에 나뿐이겠는가. 어제도 오늘도 아마도 내일도 길고양이 챙기러 문밖으로 나서는 많은 사람들도 여전히 멀쩡하다. 앞으로도 멀쩡할 것이다.

만약 길고양이가 그렇게 위험하다면. 국가에서 아니며 지자체에서 벌써 길고양이와 접촉하지 말라는 경고를 하지 않았을까? 하지만 그런 경고를 한 적이 없다. 앞으로도 없을 것이다. 왜냐하면 그렇게 경고할 〈길고양이는 위험하다〉라는 근거가 없기 때문이다.

길고양이 때문에 병에 걸릴 수 있다는 뉴스가 나오면 관련 내용에 대해서 여러 지자체에서 연구 용역을 의뢰한다.

서울시의 경우는 동물위생시험소 등에 의뢰한다.
톡소플라즈마, 중증열성혈소판증후군 등등. 연구 결과는
감염 근거가 없거나 가능성이 희박하다고 나온다. 어떻게 아냐고?
이런 조사가 한두 번이 아니었고 결과는 항상 공개되었다.
누구나 관심이 있다면 찾을 수 있다.
여기서 아쉬운 점은 지자체는 감염 가능성이 희박하다는 연구 결과를
적극적으로 알려주지 않는 것이다. 안전하다니 됐네 하고 마는 것 같다.

그래서 여전히 길고양이에 대한 오해는 사람들의 입과 귀를 통해서
번지고 있다. 얼마 전에는 동네 아저씨가 고양이에 물리면 물린 자리에
기생충 같은 벌레가 들어가 혈관을 타고 돌아다닌다면서 길고양이를
다 없애버려야 한다고 진지하게 말한다. 차분하게 설명을 했지만
날 믿는 눈치는 아니다. 어이없지만 몇 사람만 건너면 이 내용도 뉴스에
조만간 나올 수도 있을 것 같다.

오늘도 길고양이 때문에 죽을까봐 먼저 없애버리자는 사람들의
목소리는 크고 우렁차다. 하지만 정작 사람을 죽이고 있는 말벌을
다 없애버리자고 나서는 사람의 목소리는 거의 없다.
뭔가 이상하지 않나! 나만 그런가! 아니면 만만한 게 길고양이뿐인가.

모두 눈이 똥그랗다
차 아래편
이 하적한 이곳이
마고양이

길고양이 때문에
일어나는 문제는 없다
사람들 사이에서 벌
어지는 다툼만 있다

● 길고양이 때문에 일어나는 문제는 없다
사람들 사이에서 벌어지는 다툼만 있다

겨울이면 추울까 안쓰러워 스티로폼으로 집을 만들어 주고, 여름이면 주변 사람들에게 미움 받지 않게 하려고 눈에 보이는 똥까지 손수 치우는 아주머니에게 손해 배상 청구한다는 아저씨.

집 만들어 주고 밥 주니까 길고양이가 많아져서 건물 뒤편에 똥을 싸 놓고 건물 앞 데크에 스크래치를 낸다고 아주머니 책임이라고 몰아 붙였단다.

아주머니가 마치 고양이의 주인이라도 되는 것처럼 따지고 협박까지 하다니. 밥을 준다고 주인이면 길고양이들은 모두 주인이 있다.
오가며 밥과 간식을 주는 사람이 얼마나 많은가!

아주머니는 굶지 않았으면 하는 바람으로 밥을 챙겨 준 것 뿐인데. 길고양이에게 밥 준다는 이유로 함부로 대하는 사람들. 마치 사람이 아닌 길고양이를 대하듯이 반말과 고성 그리고 협박까지 하는 상황이 답답하다.

이런 저런 큰 소리가 오가도 고양이들은 느긋하다. 강 건너 불구경 하듯이 물끄러미 바라보며 아주머니를 기다릴 뿐이다.

걱정을 한가득 쏟아내는 아주머니에게 대처 방법을 말씀드리고 걱정하지 말라고 했지만 마음은 찜찜했다. 같은 아이들을 두고 바로 옆 식당 사장님은 쥐를 잡아줘서 고맙다고 오리고기를 주며 이쁘다고 했었는데….

문제가 있다면 해결할 수 있다. 예를 들어 똥 싸는 문제가 있으면 화장실을 두는 방법이 있고, 고양이를 못 오게 하고 싶으면 기피제를 뿌려서 못 오게 할 수도 있다. 길고양이 돌보는 사람을 불편을 끼치는 사람이 아니라 길고양이 관련 문제를 해결할 수 있는 사람이라고 인정한다면 많은 문제를 해결할 수 있을 것이다.

모두 눈이 멀면 죽은 것이다
아이기
피하리
길고양이

있는 그대로 찍었을 뿐인데
보는 사람이 불편하고 슬프다면
이 현실이 불편하고 슬픈 것이다

• 있는 그대로　찍었을　뿐인데
보는 사람이　불편하고 슬프다면
이 현실이 불편하고 슬픈 것이다

길고양이의 죽음을 사진으로 기록하고 알린다.

죽음의 원인이 우리에게 있기 때문이다. 그렇지만 사진과 글로 남겨진 죽음의 기록을 보면서 사람들은 불편해한다. 더 이상 보기 힘들다고 고개 돌리고 떠나는 사람이 있다. 가지 말라고 붙잡고 싶지만 마음 뿐. 가지 말라는 글 한 줄 올리지 못한다.
사진 보고 힘든 마음도 충분히 이해하니까.

그럼에도 죽음은 계속 알리고 있다. 보기에 불편한 모습이지만 생명이 끊임없이 속수무책으로 떠나는 현실을 멈추고 싶으니까.
알리는 걸 멈출 생각은 없다.
알려야만 끊이질 않는 길 위의 죽음들이 줄어들 가능성이 0.1%라도 생길 테니까.

요즘 길고양이의 모습을 담는 사진가가 많아졌다. 다행이다. 많은 사람의 지지와 호응을 받는 분들도 있다. 덕분에 길고양이를 가깝게 느끼는 분들이 늘고 있다. 길 위에 살아도 행복하다는 것을 보여주며, 우리에게 행복과 위로를 주는 것도 무엇보다 소중한 작업이다. 하지만 길고양이 죽음까지 보여주시는 분들은 아직 없는 것 같다.
내가 아직 못 찾은 걸 수도 있고.

그래서 한 명쯤은 그들이 피 흘리며 쓰러진 곁에 서서 '왜' '어떻게' 사라지는지 소리쳐야 한다고 생각한다. 그런데 다른 사람들이 하지 않고 있으니 별수 있나. 목마른 사람이 우물을 파야지. 사람들 마음에 닿을 때까지 멈추지 않을 것이다.

그리고 내겐 소원이 있다. 바람일 수도 있고. 내가 올리는 사진을 보고 저렇게 힘들게 사는 길고양이가 어딨냐고 따지는 사람들이 많았으면 좋겠다. 그렇다면 나는 혼자 빙긋이 웃으며 훌훌 털고 골목을 떠날 수 있을 것 같다.

그런 날이 빨리 왔으면 좋겠다.

편하니 편하다

편하니
편하다

• 편하니
  편하다

앞집 2층에 사는 할아버지는 현관문 옆 의자에 앉아서 걱정하는 것으로 하루 일을 시작한다. '거기 나가지마. 차 온다. 위험해' 그럼 애들은 나가려다 돌아와 골목 어귀에 차 밑에 담벼락에 자리를 잡고 앉는다.

옆집 반 지하에 사는 아줌마는 귀찮아 귀찮아 미간을 찡그리 말하는 것이 버릇이다 '나 원래 동물 안 좋아해요. 그래도 애들 밥은 먹여야 하지 않겠어?' 라며 사료를 사셨단다. 그리고 얼마 후에는 아이들 식성이 다르다며 주는 대로 먹지 않는 애들 흉을 보는 오른손에는 캔이 들려있었다.

옆집 2층에 사는 아줌마는 고양이가 사람을 왜 이렇게 잘 따라다니냐고 강아지 같다며 이상하다고 하다가 요즘은 너무 따라다닌다고 걱정이다.

골목에는 고양이를 싫어하고 무서워하는 분도 있다. 그러나 밥 주는 것에 시비 걸지 않는다. 싫다고 뭐라고 하지 않고 무섭다고 발을 굴러 쫓지도 않는다. 그냥 모른 척 피해서 옆으로 지나간다.

애들 이름은 따로 없다. 모든 고양이가 다 나비. 아니면 야옹아라고 부르기도 하고. 사람이 고양이를 걱정하고 돌봐주고 고양이는 사람들을 따른다. 몇 번 보지 않는 내게도 스스럼없이 다가와서 세상 귀여운 눈동자에 날 가둬버린다.

고양이가 편한 동네는 사람들도 편해 보인다.

모두 허에서
죽었으면 좋겠다

STRAY CAT PHOTO STORY

길고양이 생존율 **25%**, 평균 수명 **2~3**년

그들이 우리 곁에서 바람처럼 사라지는 현실이 아픕니다.
잠시 머물다 가는 것이 아니라 주어진 삶을 다 누리고 늙어서 떠나는 꿈을 꾸고 있습니다.
혼자 애쓰면 꿈이지만 함께 노력하면 희망이 됩니다.

> 오늘도 캣맘이라는 이름으로
> 길고양이 돌보기 위해서 골목으로 들어가는 모든 분들에게
> 진심으로 감사드리고 건강하시길 바랍니다.